Die schönsten
KLÖSTER
ÖSTERREICHS

Gerfried Sitar · Gerhard Trumler

Die schönsten
KLÖSTER
ÖSTERREICHS

:STYRIA

INHALT

Benediktinerstift ADMONT   6

Benediktinerstift ALTENBURG   10

Prämonstratenser-Chorherrenstift GERAS   14

Benediktinerstift GÖTTWEIG   18

Zisterzienserstift HEILIGENKREUZ   22

Augustiner-Chorherrenstift HERZOGENBURG   26

Augustiner-Chorherrenstift KLOSTERNEUBURG   30

Benediktinerstift KREMSMÜNSTER   34

Benediktinerstift LAMBACH   38

Zisterzienserstift LILIENFELD   42

Benediktinerstift MELK   46

Benediktinerstift MILLSTATT   50

Benediktinerinnenstift NONNBERG   54

Benediktinerstift OSSIACH   58

Augustiner-Chorherrenstift REICHERSBERG   62

Zisterzienserstift REIN   66

Augustiner-Chorherrenstift ST. FLORIAN   70

Benediktinerstift ST. PAUL IM LAVANTTAL   74

Erzabtei ST. PETER IN SALZBURG   78

Prämonstratenser-Chorherrenstift SCHLÄGL   82

Benediktinerabtei SECKAU   86

Augustiner-Chorherrenstift VORAU   90

Benediktinerabtei SCHOTTENSTIFT WIEN   94

Zisterzienserstift WILHERING   98

Prämonstratenserstift WILTEN   102

Zisterzienserstift ZWETTL   106

Öffnungszeiten und Webadressen   110

Benediktinerstift

ADMONT

Der Bücherdom der Welt

Inmitten der wilden Bergwelt des Gesäuses erhebt sich eines der mächtigsten Klöster Österreichs – das Benediktinerstift Admont. Hemma von Gurk, die bedeutende Markgräfin von Friesach-Zeltschach (Kärnten), bedachte das Kloster mit einer großzügigen Stiftung, womit der Grundstein für ein funktionierendes klösterliches und wirtschaftliches Leben gelegt war. Schon im Mittelalter war das Stift ein Zentrum des geistlichen und kulturellen Lebens; den Höhepunkt seiner Geschichte erlebte es jedoch im Zeitalter des Barock, als baufreudige und kunstsinnige Äbte seine Geschicke lenkten. Damals entstand neben einer gewaltigen Stiftsanlage, die heute noch auf Bildwerken erahnbar ist, die erste große Bibliothek, die mit einer Länge von etwa 30 Metern zu den größten ihrer Zeit gehörte. Im 18. Jahrhundert bestimmte barockes Lebensgefühl nicht nur den Geist der Stiftherren, sondern auch die bauliche Neugestaltung: Die Mönche beauftragten den noch kaum bekannten Architekten Joseph Hueber mit der Neukonzeption des Klosters. Dieser Mann war schließlich auch federführend bei der Errichtung des Osttraktes und der neuen Bibliothek – ein prachtvoller Buch-Erlebnisraum, der heute als größter klösterlicher Bibliothekssaal der Welt gilt.
Der Bauplan sah ein gewaltiges Ensemble an Trakten und Höfen vor. Bald darauf kam jedoch die Bautätigkeit zum Erliegen und die gigantischen Pläne blieben Fragment. Dennoch galt das Stift als eines der mächtigsten und in der Synthese alter und neuer Bausubstanz als eines der schönsten Klöster der Steiermark. Am 26. April 1865 erlebte Stift Admont den Tiefpunkt seiner Geschichte: Ein

verheerender Brand vernichtete einen Großteil der Anlage; einzig der Teil, in dem sich die Bibliothek befindet, blieb verschont. Gleich dem Phönix aus der Asche entstand das Kloster neu, freilich in vollkommen abgeänderter Form. Aus den Grundmauern des alten Gotteshauses wuchs die neue Kirche im neogotischen Stil, während manche Bereiche des Areals, die früher von Trakten durchzogen waren, sich nun zu freien Höfen weiteten.
In der Kirche befindet sich heute eine der schönsten Weihnachtskrippen Österreichs, nämlich jene von Joseph Thaddäus Stammel aus dem 18. Jahrhundert. Stammel gilt als bedeutendster steirischer Bildhauer des Barock und schuf neben der Krippe für Admont die berühmten Figuren der „vier letz-

Die Türme der Stiftskirche im neogotischen Stil.

Linke Seite: Überwältigende Raumwirkung: Der größte klösterliche Bibliothekssaal der Welt lässt den Besucher vor Pracht verstummen.

Meisterhafte Skulpturen im Bibliothekssaal von Joseph Thaddäus Stammel: „Der Himmel" aus dem Zyklus „Die vier letzten Dinge", 1760.

ten Dinge" in der Stiftsbibliothek und die entzückende Skulptur des Hofzwergs Oswald, die sich im heutigen Kunsthistorischen Museum des Klosters befindet. Die Kirche selbst ist eine dreischiffige Hallenkirche, die im Kathedralstil erbaut ist und mit ihren 70 Metern Länge zu den größten Kirchenbauten der Steiermark zu zählen ist. Aus der alten Kirche ist neben der Krippe eine Immaculata-Darstellung von Martino Altomonte aus dem Jahre 1726 erhalten geblieben. Berühmt war die Stickereischule des Stiftes in der Barockzeit. Frater Benno Han war einer der großen Künstler, die mit Nadel und Faden Beachtliches entstehen ließen. Aus dieser Schule stammen die sechs Gobelins, die den aus weißem Cararamarmor gehauenen Hochaltar mit der Statue des hl. Blasius flankieren. In Hoch- und Flachstickerei zeigen die Teppiche Wappen von bedeutenden Äbten des Klosters und verschiedene Heilige, die eine besondere Beziehung zu Admont bekunden. Von Stammel stammen neben der Krippe die Pietà und die Medaillons mit Darstellungen der Rosenkranzgeheimnisse (1726).

Was wäre Admont ohne seine weltberühmte

Bibliothek? Wer den Bibliothekssaal betritt, ist zunächst überwältigt und hat das Gefühl, von einer eigenen Welt umschlossen zu sein. Die gewaltige Dimension des Raumes mit einer Länge von 70 Metern, einer Breite von 14 und einer Höhe von bis zu 12 Metern lässt den Betrachter vor der Pracht vorerst verstummen – diese mächtige Kulisse wirkt einfach für sich. „Achtes Weltwunder" wurde dieser Saal oft genannt, und bei genauer Betrachtung fallen einem erst die Vielgliedrigkeit und das phänomenale Konzept auf, das die Komposition des Raumes trägt. 60 Fenster durchfluten den Saal mit Licht, so dass eine beinahe schon transzendentale Raumwirkung erreicht wird. 1773 dürften die eigentlichen Bauarbeiten abgeschlossen gewesen sein, die künstlerische Ausgestaltung war 1776 vollendet. Insgesamt sieben Kuppeln öffnen sich über drei Teilräumen. Majestätisch wirkt der Zentralraum, der die Form eines Längsovals beschreibt. Weite Bögen verbinden dieses Kernstück mit den beiden Flügeln, die von je drei elliptischen Kuppeln überragt werden. Häufig ist in der barocken bzw. spätbarocken Architektur die Trias anzutreffen, die einerseits einem theo-

Ein künstlerisches Feuerwerk: „Der Sieg der wahren Religion über den Irrglauben". Fresko von Bartolomäo Altomonte, 1775/76.

logischen Programm dienlich sein sollte (Dreifaltigkeit), andererseits aber eine beliebte architektonische Möglichkeit zur Auflösung von lang gestreckten Räumen darstellte. Die elegante Farbgebung der Regale in Weiß und Gold vermittelt einen sehr lebendigen und luftigen Eindruck.

Neben der großen baulichen Bedeutung kommt der Stiftsbibliothek von Admont aber auch eine ganz besondere Stellung wegen der ungewöhnlich großen Zahl an Skulpturen zu. Neben den Bücherregalen prägen die außergewöhnlichen Schöpfungen von Joseph Thaddäus Stammel den Saal. Die bronzefarbene Bemalung der Lindenholzschnitzereien bildet dabei einen gelungenen Kontrast zur insgesamt sehr hellen Ausstattung des Saales. Oberhalb der Portale, an den Stirnseiten, sind zwei prächtige Reliefs angebracht, die biblische Szenen zeigen und dem Thema „Weisheit" verpflichtet sind. An den Konsolen der großen Bücherschränke befindet sich eine stattliche Anzahl kleiner vergoldeter Büsten. Bei den insgesamt 68 individuell gestalteten Köpfen handelt es sich um die Darstellung der damals vier bekannten Erdteile, der acht Sybillen und vier Künstler. Darauf folgen 36

Das Wappen des Abtes Raimund von Rehling am Neptunbrunnen im Inneren Stiftshof von Admont, 1665 von Franz Pernegger geschaffen.

Klösterliche Gemeinschaft: Der Tisch ist gedeckt für das gemeinsame Mahl im Refektorium. Neobarocker Stuck, Deckengemälde 1953/56.

Büsten von antiken, mittelalterlichen und neuzeitlichen Künstlern und von weiteren 16 Dichtern, Gelehrten und Politikern der Antike und der Neuzeit. In dieses Feuerwerk künstlerischer Hochkultur fügt sich der siebenteilige Freskenzyklus von Bartolomäo Altomonte (1694–1783) vollkommen harmonisch ein: Phöbus Apollo ist als Gott der Dichtung, aber auch des Lichtes dargestellt – umgeben von den neun Musen. Die zweite Kuppel greift das Thema Medizin und Naturwissenschaften auf, während im dritten Kuppelraum Theologie und Religion Platz gefunden haben. Der Hauptraum der Admonter Bibliothek zeigt die Offenbarung als Mitte und Höhepunkt. Im Mittelpunkt des Freskos thront die personifizierte göttliche Weisheit. Die nachfolgenden drei Kuppeln widmen sich der Jurisprudenz, der Geschichtsforschung und ihren Disziplinen und zuletzt dem Erwachen des Geistes im Denken und im Sprechen.

Neben der Bibliothek sind das Kunsthistorische und das Naturhistorische Museum mit der reichsten Insektensammlung Österreichs bemerkenswert. Ergänzt werden die beiden Sammlungen durch eine Kollektion zeitgenössischer Kunstwerke.

Benediktinerstift
ALTENBURG
Der Traum barocker Lebensfreude

Ein Juwel unter den österreichischen Barockstiften ist die Benediktinerabtei Altenburg. Etwas abseits der Hauptverbindungswege ist das Kloster mitten im Waldviertel gelegen und überrascht mit einer prächtigen Ausstattung, wie sie in dieser Harmonie anderswo kaum zu finden ist.

Gräfin Hildburg stiftete auf ihren Ländereien 1144 ein Kloster, das sie Benediktinermönchen aus dem steirischen Kloster St. Lambrecht übergab. Immer wieder wurde ein längerfristiger Aufschwung des Klosters durch Kriegsereignisse unmöglich gemacht: So verheeren die Kumanen und Hussiten das Umland, 1467 zerstören die Böhmen das Kloster und nur 13 Jahre später wird die wiederaufgebaute Anlage ein Raub der Flammen.

Mitte des 17. Jahrhunderts begann dann für Stift Altenburg eine ruhige Blütezeit. Die beiden großen Gestalten auf dem Abtsthron, Maurus Boxler (1658–1681) und Placidus Much (1715–1756), leiteten ein Goldenes Zeitalter ein. Abt Placidus beauftragte den berühmten Baumeister Joseph Munggenast mit der Planung einer prächtigen und großzügig konzipierten Klosteranlage. Obwohl es sich um eine der größten Stiftsanlagen des österreichischen Raumes handelt, wirkt die Masse der Gebäude keineswegs aufdringlich oder gar bombastisch. Die einzelnen Elemente des Bausystems greifen locker ineinander und lösen sich in leichten Pavillonformationen auf. Der bedeutendste Barockmaler Österreichs, Paul Troger, fand hier ein sehr reiches Tätigkeitsfeld und schuf ein Denkmal großartiger Fantasie.

Flankiert von Sphinxen und allegorischen Gestalten wird der staunende Besucher durch ein mächtiges Tor in den ersten der Höfe, den Johannishof, geleitet. Die fragil gestalteten Fassaden strahlen eine heitere Leichtigkeit aus, die sich durch alle fünf Höfe des Klosters zieht. Während der erste Hof noch etwas von bescheidener Zurückhaltung ausstrahlt, zog der Architekt im feudalen Prälatenhof sämtliche Register seiner schöpferischen Kreativität. Fast verspielt greifen die Dekorelemente ineinander, verschlingen sich zu akrobatischen Formen und lösen sich in den rhythmischen Fensterachsen gekonnt auf. Im Kirchhof befindet man sich im Zentralbereich des alten Klosters. Der alte spätgotische Bau der Klosterkirche wurde zwischen 1730 und 1733 von Munggenast vollkommen umgestaltet. Dabei band dieser die alten Außenmauern ein, ohne sie zu schleifen

Barockes Juwel im rauen Waldviertel: Stift Altenburg.

Linke Seite: Im Zugang zum Hof: Blick auf die von Josef Munggenast errichtete Stiftskirche.

Prachtvolles Spiel aus Licht und Farben: Der 48 Meter lange Bibliothekssaal mit Kuppelfresken von Paul Troger und Jakob Zeiler symbolisiert das unvergängliche Reich des Geistigen.

– ebenso blieb der Unterteil des Turmes unberührt. Dieser Umstand erklärt, dass die Kirche für das riesige Klosterareal etwas klein geraten ist – die überschwängliche Pracht barocker Ausstattung entschädigt dafür in großartiger Weise. Große Sandsteinstatuen und Dekorvasen schmücken die Hauptfassade, während sich das Innere in eine große Innenkuppel weitet. An den Zentralraum schmiegen sich sechs Kapellennischen. In der

Kuppel besticht das gewaltige Fresko Paul Trogers, das die marianische Vision der Apokalypse zum Thema hat. Harmonisch passt sich der Hochaltar an, dessen Hauptgemälde, das die Himmelfahrt Mariens zeigt, ebenso von Paul Troger geschaffen wurde.
Zahlreiche Räume wie die ehemaligen Kaiserzimmer, die man über die Kaiserstiege betritt, nehmen die Qualität der Arbeiten in der Stiftskirche auf und übertragen sie in den

profanen Bereich. Ist man schon beim Betreten der Anlage überrascht von der Großzügigkeit des Barocks – hier ist man überwältigt! Im Erdgeschoss des Kaisertraktes befindet sich die Sala terrena, die mit fantasievollen Malereien ausgestaltet ist. Das Deckengemälde Paul Trogers in der Kaiserstiege (1738) schildert die Verbindung von Wissen und Glauben.

Vergänglichkeit und Ewigkeit werden durch die Krypta und die Bibliothek symbolisiert. Die Bibliothek ist ein 48 Meter langer Saal, der vor allem durch sein Spiel aus Licht und Farbe beeindruckt. Obwohl der Büchersaal derart groß ist, sind hier nur etwa 9.000 Bände untergebracht. Die Kuppelfresken sind Schöpfungen Paul Trogers und Jakob Zeillers. Dargestellt ist das Reich des Geistigen, das den Tod nicht kennt. In den Nebenkuppeln erscheinen die Allegorien der vier Fakultäten: Theologie, Jurisprudenz, Philosophie

Die apokalyptische Welt der Geheimen Offenbarung des Johannes: Fresko von Paul Troger in der Hauptkuppel der Stiftskirche, 1732/33.

und Medizin. Alles übersteigend ist die Weisheit göttlicher Natur zu sehen, die sich des Buches mit den Sieben Siegeln als Symbol bedient.

Kontrastierend zur Bibliothek ist die „Unterwelt" der Krypta, die das Sterbliche und Endliche zum Ausdruck bringen soll. Der Gedanke der Repräsentation wird hier deutlich, denn das „Spiel" der Architektur öffnet einen Raum, der eigentlich keine wirkliche Funktion besaß, sondern eher als eine Art *Memento mori!* an die Vergänglichkeit des Seins erinnern sollte. Eine prächtige Vorhalle verbindet Krypta mit Bibliothek und zeigt in vielfältigen allegorischen Malereien die Symbole der Welt, der Elemente, der Jahreszeiten und der Erdteile.

Seit einigen Jahren ist es möglich die alte Klosteranlage zu besuchen, die in mühevoller Kleinarbeit freigelegt wurde. Neben dem gotischen Kreuzgang sind das Dormitorium, der ehemalige Speisesaal, die Fraterie und die Schreibstube zu sehen.

Die Vielfältigkeit der Sehenswürdigkeiten spannt einen kühnen Bogen über mehrere Epochen und lädt den Besucher zu einer beeindruckenden Zeitreise ein.

Die Stifterin des Klosters: Hildburg von Poigen und ihr Sohn Hermann präsentieren das Modell der alten Kirche. Darstellung im so genannten „Rötelbuch", um 1681.

Prämonstratenser-Chorherrenstift
GERAS
Kloster an der Grenze

Der Ursprung des Prämonstratenser-Chorherrenstiftes Geras ist von Legenden und Sagen umrankt, und es ist heute nach über 800 Jahren schwer, den wahren Kern von der Dichtung zu trennen. Ein Gründungsdatum kann daher nicht eindeutig lokalisiert werden, ist aber wohl in der Zeit zwischen 1150 und 1155 anzusetzen. Die älteste Urkunde des Stiftes stellt der so genannte „Schirmbrief" Bischof Diepolds von Passau aus 1188 dar. Demnach bestanden in Geras zu diesem Zeitpunkt bereits zwei Klöster: das Herrenkloster in Geras selbst und jenes der Chorfrauen im benachbarten Pernegg. Aus Selau in Böhmen wanderten die ersten Geistlichen in das niederösterreichische Waldviertel. Immer wieder wurde das Kloster wegen seiner grenznahen Lage in kriegerische Ereignisse und politische Auseinandersetzungen verwickelt. Im Zuge der Kriegsstürme verwüsteten Söldnerheere die Gebäude und das Umland. Trotz der mehrmaligen Zerstörung haben sich an der Nordseite des Refektoriums einige frühgotische Fenster erhalten. Heute präsentiert sich das Klostergebäude als eine zweigeschossige Gebäudegruppe, die um drei Höfe angelegt ist. Dabei reichen die Wurzeln des Konventtraktes am weitesten zurück. Im 17. Jahrhundert erfolgten ein Umbau und eine Neugestaltung dieses Flügels. Daran angebaut wurde schließlich der Prälatenhof mit dem Prälaten- und ehemaligen Gästetrakt. 1736 bis 1740 errichtete man das Neugebäude mit dem Festsaal. Unter diesem Saal pflegte man das Gerichtswesen in Geras in einer eigenen Gerichtskanzlei. Im Ostflügel ist die klassizistische Bibliothek untergebracht. Im 15. und 16. Jahrhundert

kam es durch die Hussiten- und Türkenkriege für das Doppelkloster immer wieder zu besonderen Gefährdungen. Bis in diese Region versprengte Truppenteile der feindlichen Kriegsmächte konnten dem Stift allerdings nichts anhaben.

Während der Reformation war Geras katholisch geblieben und später zu einem Zentrum der Gegenreformation geworden. Der Beginn des 17. Jahrhunderts gestaltete sich sehr schwierig. Zu wirtschaftlichen Problemen gesellte sich der Dreißigjährige Krieg – 1620 brandschatzten etwa die Mansfeldschen Truppen das Kloster. Mit Unterstützung Kaiser Ferdinands II. gelang aber schon wenige Jahre später der Wiederaufbau – zunächst des Klosters, daran anschließend der Kirche und des Turmes. Joseph Munggenast errich-

Romanischer Raumeindruck: die imposante Stiftskirche.

Linke Seite: Aktives Klosterleben in stiller Landschaft: Prämonstratenser-Chorherrenstift Geras.

Prunkvolles Sommerrefektorium: der „Marmorsaal" mit Stuckmarmor, vergoldeten Kapitellen und dem Deckenfresko „Wunderbare Brotvermehrung" von Paul Troger, 1738.

tete 1736 bis 1740 den barocken Mitteltrakt und der prächtige Marmorsaal wurde mit einem Fresko Paul Trogers ausgestattet. Dem Frauenkloster zu Pernegg versetzte zwar Joseph II. den Todesstoß, Geras selbst überdauerte jedoch diese Zeit. Am Ende des 18. Jahrhunderts entstand der westliche Seitenflügel des Stiftes, das so genannte Priorat. Wie viele andere Klöster auch wurde Geras von den Nationalsozialisten enteignet; nach dem Zweiten Weltkrieg diente es sowjetischen Besatzungstruppen als Quartier. Vieles an Wertvollem ging in dieser verhängnisvollen Zeit verloren oder wurde zerstört.

Heute ist Geras nicht nur ein überaus aktives Kloster, sondern auch ein bedeutendes kulturelles Zentrum mit einem umfassenden Bildungsangebot. Der Geist des barocken Wissensdurstes und die damit verbundene Demonstration von Macht und Einfluss fanden auch in Geras eine Heimat. Schon im Mit-

telalter verfügte Geras mit einer Bibliothek von einigen 100 Bänden über ein beachtliches wissenschaftliches Zentrum.

Durch ein Portal (1655) betritt man die imposante Stiftskirche Mariä Geburt. Deutlich wird der romanische Raumeindruck des im Jahre 1160 geweihten Gotteshauses spürbar, der im Barock völlig verändert wurde. Über den Seitenschiffen wurden Emporen errichtet und der gesamte Innenraum wurde mit Stuckmarmor und reichen Vergoldungen geschmückt. Um die Mitte des 16. Jahrhunderts entstand das Gnadenbild, das heute das Zentrum des Hochaltars bildet. Das von einem italienischen Meister stammende Hochaltarbild zeigt Maria, die dem Ordensgründer der Prämonstratenser, dem hl. Norbert, das weiße Skapulier überreicht.

Es gehörte zum guten Ton, dass innerhalb dieser riesigen Anlagen eigene Bibliotheken und Prunkräume entstanden. Die Bibliothek

Das Pauluszimmer in der Prälatur. An den Wänden Ölgemälde von Johann Nepomuk Steiner, die Szenen aus dem Leben des Apostels zeigen, um 1770.

ist in ihren Ausmaßen bescheiden, wirkt dennoch prachtvoll, denn das 1805 vollendete Werk des Maulpertsch-Schülers Joseph Winterhalter (1743–1807) besticht durch Eleganz und Lebendigkeit. In den gemalten Nischen in der Mitte der Süd- und Nordwand sowie der Ostwand, sind die Allegorien von Glaube, Hoffnung und Liebe dargestellt. Inspiriert durch die fantastische Architektur der antiken Welt, erhebt sich im zentralen Kuppelbereich ein von Säulen getragenes Architekturelement, auf dem sich eine Vielzahl von Figuren tummelt. Darüber ist der Blick gleichsam in die Höhe gezogen und schweift in die Unendlichkeit des Raumes ab. Dargestellt wird die Predigt des Paulus im griechischen Areopag und im Himmel darüber die Verherrlichung des christlichen Glaubens.

Um den Zugang zu den Schätzen der Bibliothek zu vereinfachen, beschritt man in Stift Geras einen neuen, innovativen Weg: 2003 präsentierte man das europaweit erste virtuelle Klosterarchiv, das nicht nur die mittelalterlichen Urkunden via World Wide Web in Bild und Text der Öffentlichkeit zur Verfügung stellt, sondern auch die Kataloge des Stiftsarchivs.

Im Inneren der Torhalle führt die Feststiege zum prachtvollen Sommerrefektorium, dem so genannten „Marmorsaal", der mit Stuckmarmor, vergoldeten Kapitellen und mit einem ausgezeichneten Deckenfresko Paul Trogers, das der wunderbaren Brotvermehrung gewidmet ist (1738), beeindruckt. An den Marmorsaal schließen sich die so genannten Geraser und Pernegger Bischofszimmer an, die sich dem Stil des Rokoko verpflichtet wissen. Weiß glasierte Rokokoöfen mit vergoldetem Palmettenwerk und barock Möbel, darunter auch ein Tisch mit eingelegter Kalksteinplatte, bilden das stilvolle Ambiente dieser Räumlichkeiten,

Benediktinerstift
GÖTTWEIG
Das österreichische Monte Cassino

Es war ein düsteres Zeitalter der Kirchengeschichte. Als der heilige Altmann, seines Zeichens Bischof von Passau, 1083 das Stift Göttweig als Chorherrenniederlassung gründete, tobte der Investiturstreit zwischen Kaiser Heinrich IV. und Papst Gregor VII. Und doch wurde in diesem Jahr der Grundstein zu einem der glanzvollsten Klöster Österreichs gelegt. Nach dem Tod des Heiligen erfolgte 1094 die Besiedelung durch Benediktinermönche aus dem berühmten Reformkloster St. Blasien im Schwarzwald. Die Äbte von Göttweig herrschten über weite Ländereien und schon früh wurden sie von Kaisern und Päpsten mit besonderen Privilegien ausgestattet. Der Phase des Aufstieges und der Blüte folgten jedoch schwere Zeiten: Reformation und Türkeneinfälle brachten das klösterliche Leben in der Abtei nahezu zum Erliegen, sodass sie zwischen 1556 und 1563 von Herzogenburg aus administriert wurde. Erst der Melker Konventuale Michael Herrlich (1664–1603) leitete – *nomen est omen* – eine „herrliche Epoche" ein. Neben der personellen Konsolidierung konnte sich das Kloster auch wirtschaftlich.

Den unbestrittenen Höhepunkt der *historia gottwicense* stellte die Amtszeit von Abt Gottfried Bessel (1714–1749) dar, der sein Göttweig zu einem österreichischen Monte Cassino erheben wollte. Noch heute erzählen die Stiche Salomon Kleiners vom großartigen Bauvorhaben des Prälaten, dem in seiner Fantasie eines der größten Klöster Europas vorschwebte. Wären diese Pläne tatsächlich zur Ausführung gekommen, hätte Göttweig Melk weit in den Schatten gestellt. Aber auch heute, obwohl nicht alle geplanten Trakte zur

Vollendung gelangten, ist Göttweig ein Fixstern in der Kunstlandschaft Niederösterreichs. Konzipiert wurden die großartigen Pläne – 1718 hatte ein Brand die alten Gebäude des Stiftsensembles fast zur Gänze zerstört – vom Hofarchitekten Johann Lucas von Hildebrandt, der dabei alle Register seiner Virtuosität ziehen konnte. Allein die Kaiserstiege, deren großartiges Deckengemälde 1739 von Paul Troger gestaltet wurde, lässt die Monumentalität des Baues, der ein Torso geblieben ist, erahnen. Bessel war aber nicht nur ein Bauherr mit weitem Horizont, sondern galt auch als hervorragender Wissenschaftler und Diplomat, der zum engeren Beraterkreis Kaiser Karls VI. zählte. Unter seinen Nachfolgern Odilo Piazol (1749–1768) und Magnus Klein (1768–1783), der aus Kärnten stammte, konnten noch etliche Teile der Planung Hildebrandts verwirklicht werden. Reizvoll wirken heute im Ambiente des

Die kühne Vision Abt Gottfried Bessels in der Darstellung von Salomon Kleiner.

Linke Seite: Das zweitgrößte barocke Stiegenhaus Europas: die „majestätische" Kaiserstiege.

Stiftes die aus dem alten Klosterbau übernommenen Teile, wie etwa die Burg, die gegenwärtig der Donauuniversität Krems als Außenstelle dient, oder die Kapelle der hl. Erentrudis.

Das 19. und beginnende 20. Jahrhundert bescherten Göttweig nicht die besten Tage seiner Geschichte. Schließlich griffen die Nationalsozialisten nach der Abtei und lösten sie auf. Nach dem Zweiten Weltkrieg fanden hier über 3.000 Sowjetsoldaten Quartier, der erfolgreiche Wiederaufbau ist Abt Wilhelm Zedinek (1949–1971) zu verdanken. Zahlreiche Anekdoten wissen ein sehr sympathisches Bild dieses unkonventionellen Kirchenmannes zu zeichnen, der persönlich dafür sorgte, dass viele verschleppte Kunstwerke wieder nach Göttweig zurückfanden.

Wie viele andere Donauklöster verfügt auch Göttweig über eine eigene Flucht von Fürsten- und Kaiserzimmern. Die prachtvoll ausgestalten Räume dienen heute als musealer Bereich, der von den staunenden Besuchern über die „majestätische" Kaiserstiege betreten wird. Immerhin handelt es sich bei diesem Treppenhaus – nach jenem in der Residenz zu Würzburg – um das zweitgrößte barocke Stiegenhaus Europas. Zwei Treppen münden im Mittelbereich in eine und führen den Besucher in die lichtdurchflutete Halle. Das 1739 durch Paul Troger zum „Leben erweckte" Monumentalfresko zeigt Kaiser Karl VI. als Phoebus Apoll auf dem Sonnenwagen, in seinem Gefolge die Allegorien der Künste. In den Kaiserzimmern ist auch ein Teil der umfangreichen Kunstsammlung des Stiftes untergebracht. Prächtige Möbel und stilvolle Gobelins erzählen vom Wohngefühl des 18. Jahrhunderts, die klassischen Stuckaturen in allen Räumen zeugen von der künstlerischen Leistung hervorragender Fachleute (u. a. von Paul Strudel).

Zentraler Raum des Stiftes ist die Kirche, die nach den Plänen Hildebrandts mit einer Doppelturmfassade und einer hohen zentralen Kuppel ausgestattet werden sollte. Der Plan kam aber so nicht zur Ausführung. Heute schließt sich an das frühbarocke Langhaus (1620 von Cypriano Biasino errichtet) der gotische Chor mit einigen Rudimenten der einstigen prachtvollen Glasfenster. Majestätisch wirkt der Hochaltar, ein Werk von Hermann Schmidt (1639). Das Chorgestühl mit meisterhaften Intarsien ist eine Schöpfung Friedrich Staudingers (1766); das Presbyterium erhielt seinen blauen Anstrich im 19. Jahrhundert. Das Langhaus mit seinen Seitenkapellen, die mit Rokokoaltären geschmückt sind, stellt eine gelungene Komposition aus Gold-, Braun- und Blautönen dar. Unterhalb des Hochchores liegt die Krypta, in deren Nebenraum sich der Silberschrein mit den Gebeinen des hl. Altmann befindet. Das Deckengemälde vom Kremser Schmidt zeigt die Erweckung der Toten durch den Propheten Ezechiel. In 15 Metalltafeln (1965) erzählt Erst Grandegger die Lebensgeschichte des hl. Altmann. Der Altar in der Krypta birgt das Gnadenbild, zu dem viele Menschen in ihren Alltagsnöten pilgern.

Leider ist die Bibliothek, die in einem sehr gediegen ausgestatteten Barockraum untergebracht ist, nicht der Öffentlichkeit zugänglich, da sie sich im Klausurbereich befindet. Der Bücherbestand umfasst heute etwa 200.000 Druckwerke, 1.150 Handschriften

Das Monumentalfresko von Paul Troger im Stiegenhaus: Kaiser Karl VI. als Phoebus Apoll auf dem Sonnenwagen, in seinem Gefolge die Allegorien der Künste.

Mächtige Gottesburg über dem Tal der Donau: Stift Göttweig, das österreichische Monte Cassino.

und 1.110 Inkunabeln. Der Bibliotheksraum weist eine Stuckdecke von Giovanni Mario Antonio Tencalla auf und ist mit prachtvollen barocken Regalen ausgestattet. Der Raum stellt die Bedeutung des Buches als traditionsreiches Medium der Wissensvermittlung in den Mittelpunkt.

Besonders kostbare Handschriften werden immer wieder im Turmzimmer des Stiftsmuseums gezeigt. Herausragend ist dabei ein Psalter aus dem 9. Jahrhundert, gleichzeitig das älteste Buch des Klosters. Die Zahl der illuminierten Handschriften ist beachtlich und von bester Qualität. Da das Kloster im Mittelalter über eine eigene Schreibstube verfügte, sind auch einige Exemplare Göttweiger Buchmalerei vorhanden. Ein besonders prachtvolles Beispiel spätgotischer Buchkunst stellt das *Petershausner Antiphonarium* dar. Bibeln und Messbücher erlauben die Entwicklung der Buchmalerei vom frühen bis hin zum Spätmittelalter zu verfolgen.

Neben Büchern, Kostbarkeiten der Kunst-kammer, liturgischem Gerät, Uhren und anderen weltlichen und geistlichen Schätzen sowie einer umfassenden Münzsammlung beherbergt das Stift Göttweig eine der größten privaten Grafiksammlungen Österreichs (etwa 30.000 Blätter) und eine sehr bedeutende Gemäldegalerie. Neben Seitenstetten verwahrt das Kloster den größten Bestand an Kremser-Schmidt-Gemälden in Österreich. Die Bilder des Malers, der aus dem nahen Stein stammte, sind im Cäciliensaal untergebracht. Im Altmannisaal hängen zwei vorzügliche Porträts Maria Theresias und Kaiser Franz I. Stephans von Martin v. Meytens. Im westlichen Teil neben der Kaiserstiege sind einige Tafeln gotischer Flügelaltäre aus der Donauschule zu bewundern, die sich harmonisch in das Ambiente eines Fürstenzimmers einfügen.

Kaiserlich sind nicht nur die Räume des Schautraktes, sondern auch der Blick, den man von Göttweig über das malerische Donautal genießt.

HEILIGENKREUZ

Basilika und Brunnenhaus

Wie viele Zisterzienserklöster liegt auch Heiligenkreuz harmonisch eingebettet in einem Talkessel. Während die Benediktiner gerne auf weithin sichtbaren Hügeln siedelten, entstanden so die Klöster der Zisterzienser eher in abgeschiedenen, etwas weniger spektakulären Landschaften. Die Gründung von Stift Heiligenkreuz, dem ältesten Zisterzienserkloster Österreichs und dem zweitältesten der Welt, geht zurück auf den Babenberger-Markgrafen Leopold III., der 1133 Mönche aus der französischen Mutterabtei Morimond nach Heiligenkreuz berief, um hier inmitten des Wienerwalds eine neue Niederlassung des Ordens zu gründen. Einfluss auf diese Entscheidung dürfte auch Leopolds Sohn Otto von Freising gehabt haben, der als Konventuale in Morimond wirkte. 1187 entstand die mächtige romanische Kirche und 1297 wurde der gotische Hallenchor geweiht. Heiligenkreuz ist eine der wenigen Abteien, die heute noch viel von ihrem ursprünglichen Aussehen erhalten haben. Die Umbauten des 17. und 18. Jahrhunderts beschränkten sich auf den Wohn- und Gästetrakt, die Bibliothek und die Kaiserzimmer. Otto, der die Gründung dieses Klosters stets begleitete, wurde später Abt von Morimond und im selben Jahr (1138) auch Bischof von Freising. Er gilt als einer der großen mittelalterlichen Geschichtsschreiber und als Wiederentdecker des griechischen Philosophen Aristoteles. Eines seiner Hauptwerke ist die achtbändige *Geschichte zweier Staaten – des Gottes und des Weltstaates*. 1157, ein Jahr vor seinem Tod, begann Otto mit der Aufzeichnung der Taten Kaiser Friedrichs I., genannt „Barbarossa".

Ein Glasfenster im Brunnenhaus von Heiligenkreuz zeigt Otto von Freising im Gewand der Zisterzienser mit Bischofsstab, Mitra und Buch. Sehr rasch erlebte der Konvent von Heiligenkreuz eine gewaltige Blüte. Bis zu 300 (!) Mönche beherbergte das Kloster, und ihr missionarischer Eifer führte zur Gründung zahlreicher Tochterklöster. Ein Dokument der reichen Bautätigkeit während des Mittelalters sind die erhalten gebliebenen Teile, wie etwa der wunderbare Kreuzgang, der aus dem Beginn des 13. Jahrhunderts stammt. In den Türkenkriegen 1529 und 1532 erlitt das Stift schwere Schäden; an Stelle einiger zerstörter Gebäudeteile entstanden im 17. Jahrhundert frühbarocke Neubauten. 1683 hinterließen die Türken wiederum eine Spur der Verwüstung. Bedeu-

Heitere barocke Klosterlandschaft: der Arkadenhof.

Linke Seite: Alte Bausubstanz verbindet sich mit barocker Pracht: das Refektorium in Stift Heiligenkreuz.

tende Künstler wie Michael Rottmayr, Martino Altomonte und Giovanno Giuliani arbeiteten in der Folge für das Stift und schufen eine ausgezeichnete Verbindung zwischen alter Bausubstanz und zeitgerechter Architektur. Von Giuliani wird heute der gesamte Nachlass im Stift verwahrt. In der Zeit der Klosteraufhebungen durch Joseph II. übernahm Heiligenkreuz eine Reihe von Pfarren und konnte durch diese aktive seelsorgliche Tätigkeit einer Auflösung entgehen.

Südlich schließt sich an die Kirche der 1220 bis 1240 errichtete Kreuzgang an: 300 schlanke Säulen, gearbeitet aus rotem Marmor. Die Großzügigkeit dieser herrlichen Architektur vermittelt die Präsenz eines aufgeschlossenen Zeitgeistes, der das mönchische Leben in Heiligenkreuz während des Mittelalters bestimmte. Ursprünglich war es den Zisterziensern aus Gründen ihrer Armutsvorstellung verboten, die Kirchen mit einem Turm auszustatten, lediglich ein Dachreiter war erlaubt. Mit diesem Verbot des Ordens brach die Errichtung des Zwiebelturms 1674. Von einer weiteren zisterziensischen Besonderheit, dem Verbot von bunten Malereien, künden die schwarz-weiß gehaltenen Scheiben innerhalb des Kreuzganges, die im 13. Jahr-

Beschreibt die Grundform eines Neunecks: das Brunnenhaus mit den eindrucksvollen Buntglasfenstern.

hundert entstanden. Es wurden in dieser Zeit aber auch in Heiligenkreuz bereits Buntglasscheiben verwendet, wie die in prachtvollen Farben strahlenden Babenbergerbilder auf den Scheiben des Brunnenhauses eindrucksvoll belegen. Das Brunnenhaus beschreibt die Grundform eines Neuneckes und entstand am Ende des 13. Jahrhunderts. Der 1584 gearbeitete typische Bleibrunnen der Renaissance erfuhr 1688 eine umfassende Renovierung.

Die große Stiftskirche beeindruckt jeden Besucher durch ihre Schlichtheit und ihre außergewöhnliche Raumwirkung. Der älteste Teil stammt aus dem 12. Jahrhundert und wurde in der Zeit zwischen 1133 und 1187 errichtet; der weite gotische Hallenchor war 1295 abgeschlossen. Erlesen wie das Bauwerk selbst ist die Ausstattung der Kirche. Zu den bemerkenswertesten Werken gotischer Glaskunst in Österreich zählen die Grissaille-Fenster. Der Barockgeschmack, dem sich das Stift in vielen Teilen unterordnet, „verschonte" auch die Stiftskirche nicht. Zwischenzeitlich war sie deshalb barock ausgestattet, bevor man sich zu einer „Regotisierung" entschloss. Dabei wurde der Hochaltar 1887 in Form eines Baldachins errichtet. Beim zentralen Kruzifixus handelt es sich um die Kopie eines griechisch-byzantinischen Kreuzes aus Italien, das 1138 gemalt wurde. Künstlerisch äußerst bemerkenswert ist das kunstvolle Chorgestühl von Giovanni Giuliani. Die Reliefs zeigen Szenen aus dem Leben Christi; die Büsten im oberen Teil lassen Heilige aus dem Zisterzienserorden erkennen.

Das Skriptorium des Klosters entfaltete schon im Mittelalter eine rege Tätigkeit. Bedeutende Handschriften wurden hier angefertigt, die auch als Grundausstattung in neu gegründete Klöster gebracht wurden. Dass es bei über 300 Mönchen eine Reihe talentierter Buchmaler gab, wird aus dem hervorragenden Bücherbestand des Klosters ersichtlich. Zunächst war der aus dem 12. Jahrhundert stammende Bibliothekstrakt ein Spital für die Mönche. Die eigentliche Bibliothek dürfte sich irgendwo im Bereich

Das schmiedeeiserne Tor zum Brunnenhaus.

des Kreuzganges, in unmittelbarer Nähe der Kirche befunden haben. Abt Clemens Schäffer begann 1692 mit einem Neuaufbau, bei dem zwei Räume entstanden. Der größere der beiden Räume trägt den Namen „Goldener Saal" und diente als Bibliothek, während der Gartensaal zunächst das Speisezimmer für die Gäste war. Abt Clemens beauftragte den Maler Carl Ritsch zur Schaffung der farbenfrohen Fresken und die Stuckateure Antonio Alliprandi und Johannes Piasol mit der Stuckdekoration des Gartensaales. 1701 war die Gestaltung der Bibliothek abgeschlossen. Seit 1838 ist der Bibliotheksbereich auf den Gartensaal erweitert. Später erfolgte der Ausbau des Dachbodens, der ebenfalls mit Bücherregalen ausgestattet wurde. Der Goldene Saal trägt diesen Namen, weil die Buchrücken der hier gelagerten Drucke mit Gold geprägt sind. Ein Tonnengewölbe mit Stichkappen überspannt den Raum und ist vollkommen mit Fresken bemalt. Der Siegeszug der Religion und der Sturz der dämonischen Mächte bildet die Thematik des Mittelbildes. An der Stirnfront des Saales sind die Heiligen des Ordens Bernhard und Benedikt sowie die göttliche Weisheit mit der Gerechtigkeit zu sehen.

Augustiner-Chorherrenstift

HERZOGENBURG

Herzogsburg und Chorgebet

Das Augustiner-Chorherrenstift Herzogenburg ist eines der eher weniger bekannten österreichischen Klöster, obwohl es nicht nur als Bauwerk interessant ist, sondern ebenso auf eine bedeutende Geschichte zurückblicken kann. Das Gebiet um das Stift ist uralter Siedlugsraum, der bereits vor mehr als 30.000 Jahren besiedelt war, und Grabungsfunde belegen, dass sich schon im 9. Jahrhundert eine stadtähnliche Ansiedlung hier befunden hat. Der Name Herzogenburg rührt ebenfalls aus dieser Zeit, als die Herzöge Wilhelm II. und Engelschalk eine Befestigungsanlage gegen die Magyaren errichten ließen. Im Bereich dieser Herzogsburg stiftete 1014 Kaiser Heinrich II. eine Kirche. Der Stiftungsurkunde dieses Gotteshauses ist der Name Herzogenburg das erste Mal zu entnehmen. 1244 wurden die Augustiner-Chorherren von St. Georgen hier angesiedelt und zur gleichen Zeit mit dem Bau einer Kirche und eines Konventgebäudes begonnen. Wie viele andere Klöster Österreichs, so war auch die Geschichte Herzogenburgs von einer raschen mittelalterlichen Blüte begleitet, der allerdings kriegerische Auseinandersetzungen ein jähes Ende setzten: Gegen Ende des Mittelalters fiel die Klosteranlage den Hussiten zum Opfer, auch die Ungarn verwüsteten den Klosterbezirk und das umliegende Land. Ein Großbrand verschlang nahezu beide Märkte zur Gänze und ebenso maßgebliche Teile des Klosters. Am Beginn des 16. Jahrhunderts erfolgte unter Propst Georg Eisner der Wiederaufbau. Diese Zeit hinterließ an der heutigen Anlage ihre Spuren: das spätgotische Refektorium, das mit beeindruckenden Fresken geschmückt ist.

Reformation und Türkenkriege hinterließen ihre deutlichen Spuren; erst am Beginn des 18. Jahrhunderts trat eine ruhigere Phase ein, die von einer neuerlichen Blütezeit begleitet war. 1714 erfolgte die Grundsteinlegung für den Neubau des Stiftes, dessen Planung der bedeutende Barockarchitekt Jakob Prandtauer übernommen hatte. Obwohl Prandtauer sich hier in seiner Kreativität im Vergleich zu Melk etwas zurückhalten musste, entstand doch eine der beeindruckendsten Anlagen der Barockzeit in Österreich überhaupt. Nach dem Tod Prandtauers übernahm dessen Schüler Josef Munggenast die Bauleitung. Der Bau der Kirche, des letzten spätbarocken Gotteshauses in Österreich, geht auf dessen Sohn Franz Munggenast zurück.

Die Gebäude wirken nach außen sehr symmetrisch. Vorspringende Risalite lockern die

Großzügige Symmetrie: die Hauptfassade.

Linke Seite: Symbol eines „ins Große strebenden Geistes“: der markante Turm der Stiftskirche Herzogenburg.

Farbige Großzügigkeit und helle Weite dominieren im Hauptschiff der Stiftskirche. Das Fresko in der Mittelkuppel von Bartholomäo Altomonte stellt die Apotheose des heiligen Augustinus dar.

DIE SCHÖNSTEN KLÖSTER ÖSTERREICHS

Fassade auf, die zusätzlich noch durch Pilaster gegliedert ist. Bemerkenswert ist der durchbrochene Turm, der ein typisches Stilmerkmal des Stiftes Herzogenburg darstellt. Aus dem alten Klosterbau hat sich das Portal der Stiftskirche erhalten, das noch aus dem 14. Jahrhundert stammt. Innen ist man überrascht von der Weite und farbigen Großzügigkeit des Raumes, der Heiterkeit der Fresken und der Qualität der Einrichtung. Der Gedanke, einen himmlischen Saal zu schaffen, mag Pate gestanden haben, als das Werk dem genialen Schöpfergeist Munggenasts entsprang. Das erste Fresko ist dem hl. Stephanus gewidmet, während die Mittelkuppel eine Apotheose des hl. Augustinus darstellt. Vor dem Altarraum ist der hl. Georg, der Stiftspatron, zu sehen. Die Einrichtung fügt sich geschickt ein und vollendet das Raumempfinden. Die Deckenmalereien wie auch die Blätter von mehreren Altären gestaltete Bartholomäo Altomonte zwischen 1753 und 1764. Im Altarraum verwirklichte sich Daniel Gran, der sich vor allem für seine Malereien am Sonntagberg bei Seitenstetten einen Namen geschaffen hat. Ebenso ist das Hochaltarbild seine Schöpfung. Ein besonderes Prunkstück der Kirche ist die große Orgel, die Johann Henke 1752 erbaute. Die Kombination aus dezentem Grün und Gold verleiht dem Instrument eine ganz besondere Note.

Nicht nur die Kirche und das Gebäude an sich beeindrucken. Das Innere des Stiftes entfaltet die Fantasie und Leidenschaft barocken Raumgefühls. Das Kloster verfügt zudem über eine bedeutende Kunstsammlung. Nicht unbedeutend ist ebenso die Bibliothek, in der sich über 80.000 Bände befinden. Der Bibliotheksraum selbst wirkt in sich sehr edel durch bis an die Decke gezogene Holzregale. Darüber spannt sich eine Ornamentmalerei Domenico Francias, die dem Raum eine heitere Beschwingtheit verleiht. Das älteste Buch Herzogenburgs stammt aus dem 12. Jahrhundert. Im Raum befinden sich zwei Riesengloben aus dem 17. Jahrhundert, ein Erd- und ein Himmelsglobus. In einem klei-

Harmonische Verbindung von Barock und Moderne: der neue Volksaltar von Wander Bertoni aus rotem Portugiesischem Marmor, eingeweiht 1995.

nen Raum vor der Bibliothek werden die Schätze des Stiftes verwahrt, darunter eine prachtvolle Monstranz aus den 20er-Jahren des 18. Jahrhunderts. Die Chorherren besitzen auch eine bedeutende Kollektion barocker Textilien, die zu den schönsten ihrer Art in Österreich zu zählen sind. In der Errichtung solcher Paramentenkammern war man immer darauf bedacht, dass die kirchlichen Geräte die Feier der Liturgie zu einem erhabenen Ereignis werden ließen.

Ein typisches Beispiel barocker Raumgestaltung ist der Bildersaal, der in einer sehr dichten Hängung eine stattliche Anzahl repräsentativer Gemälde aus mehreren Epochen zeigt. Diese füllen den gesamten Wandbereich und harmonieren perfekt mit den leichten Stuckarbeiten auf hellblauem Grund. Bedeutende Namen wie Hans Holbein oder Alessandro Magnasco sind ebenso zu finden wie Franz Anton Maulpertsch oder Johann Michael Rottmayr. Unter den Schöpfungen österreichischer Barockmaler ragt vor allem ein Werk Paul Trogers hervor, das die Thematik der Ölbergstunde Christi aufgreift. Dieses Bild steht in direkter Korrespondenz zu Salzburger Arbeiten oder jener im Benediktinerstift Seitenstetten.

Augustiner-Chorherrenstift
KLOSTERNEUBURG
Der Babenberger große Liebe

Die malerische Landschaft am Fuße des Kahlenberges bildet die Kulisse für eines der namhaftesten Stifte Österreichs. Bereits im ersten Jahrhundert nach Christus nahm ein römisches Kastell die Stelle des heutigen Stiftes ein und erfuhr im zweiten Jahrhundert einen gewaltigen Ausbau. Nachdem das Kastell mit dem Niedergang der Römerherrschaft seine Bedeutung einbüßte, dürfte es seit dem 5. Jahrhundert leer gestanden haben. Im 11. Jahrhundert wurde eine Burg errichtet, in der sich zwei Kapellen befanden, die von einem regen christlichen Leben künden. Es gilt als sehr wahrscheinlich, dass schon diese Siedlung den Namen „Neuburg" führte. 1106 heiratete Leopold III. Agnes, die Tochter Kaiser Heinrichs IV. Zu ihrer Mitgift dürfte auch das Gebiet um Neuburg gehört haben. Diese Verbindung gestaltete sich für Leopold äußerst vorteilhaft. Neben hohem Ansehen brachte Agnes auch ein beträchtliches Vermögen in die Ehe ein, das schließlich für die Gründung des Kollegiatsstiftes ausschlaggebend war. 1108 erwähnen die Urkunden erstmals eine Marienkirche, die vom Bischof Hermann von Augsburg geweiht wurde. Über den Standort dieser ersten großen Kirche ist wenig überliefert. Der Neubau einer Stiftskirche ist in der Zeit zwischen 1114 und 1136 zu lokalisieren.

Es handelte sich damals um die größte Kirche in der Mark der Babenberger, die der Repräsentation und Machtdemonstration des Landesfürsten dienen sollte. 1113 scheint Markgraf Leopold seinen Wohnsitz in Klosterneuburg aufgeschlagen und eine eindrucksvolle Residenz errichtet zu haben. Die Verbindung von prachtvoller Fürstenresidenz und groß-

artiger Stiftskirche lässt vermuten, dass Leopold III. besondere Ziele verfolgte. Dafür spricht auch die Errichtung eines Stiftes für weltliche Kanoniker. Der Periode des glanzvollen Aufstieges folgte im 15. Jahrhundert durch den Einfall der Hussiten und Ungarn eine äußerst schwierige Zeit. Dazu kam im 16. Jahrhundert die Glaubensspaltung, die den Bestand des Klosters ernsthaft in Frage stellte. Die beiden großen Türkenbelagerungen Wiens waren für das Stift sehr bedrohlich, 1683 konnte sich das Stift jedoch aus eigener Kraft heroisch verteidigen und alle türkischen Angriffe zurückschlagen.

Kaiser Karl VI. plante ein großartiges „Schlosskloster", das seinem Vorbild, dem spanischen Escorial, in nichts nachstehen sollte. Der große italienische Architekt Dona-

Prachtvolles „Schlosskloster": Stift Klosterneuburg.

Linke Seite: Seit den Zeiten der Babenberger wacht das Stift über das Land an der Donau.

Oben: *Ausritt Markgraf Leopolds III. und seiner Frau zur Jagd. Tafelbild von Rueland Frueauf dem Jüngeren, 1505.*

Unten: *Betender Mönch. Glasfenster im Stift.*

to Felice d'Allio erstellte die Pläne für den 1730 begonnenen Bau. Mit dem Tod Karls VI. kam die Weiterführung des Bauvorhabens zum Erliegen, da dessen Tochter Maria Theresia kein Interesse mehr zeigte. Erst etwa 100 Jahre später vollendete Architekt Joseph Kornhäusel den begonnenen Hof des Kaisertraktes mit dem Süd- und Westtrakt. Ebenfalls zu Ende geführt wurde der Plan zweier von insgesamt neun vorgesehenen Kuppeln, sodass Stift Klosterneuburg heute eine interessante Synthese mehrerer epochaler Bauetappen aufweist.

Die Stiftskirche, die heute ihr romanisches Gepräge nur mehr erahnen lässt, wurde im Barock vollkommen umgestaltet, lässt aber die Verspieltheit anderer Barockkirchen Österreichs vermissen, sondern erinnert eher an die ernsten barocken Baudenkmäler Italiens. 1728 schuf Matthias Steinl den genialen Hochaltar, dessen Altarblatt die Geburt Mariens von Johann Georg Schmidt zeigt. Das prächtige Chorgestühl ist mit 24 Wappen des Hauses Habsburg geschmückt und dokumentiert so die Verbundenheit des Stiftes zum Herrschergeschlecht. An das Nordschiff schließt der Kreuzgang an, der im 13. Jahrhundert erbaut wurde, seine Vollendung allerdings erst im 14. Jahrhundert erfuhr. In Staunen versetzt die Leopoldkapelle, eine zweischiffige Halle aus dem 12. Jahrhundert mit Fenstern aus der Zeit um 1330. In der Kapelle ist Leopold III. (†1136) bestattet.

Zu den bedeutendsten Kunstschätzen des Mittelalters in Österreich zählt der Verduner Altar. Der von Nikolaus von Verdun geschaffene Emailaltar ist ein herausragendes Beispiel für die künstlerische Umsetzung eines ausgeklügelten theologischen Programms und das erste Kunstwerk des Hochmittelalters, das bewusst auf die Antike zurückgreift. Markgraf Leopold dachte zunächst an die Errichtung eines Stiftes für weltliche Kanoniker, konnte allerdings durch die Intervention der Bischöfe von Salzburg, Passau und Gurk umgestimmt werden und willigte schließlich 1133 in die Gründung einer Augustiner-Chorherren-Niederlassung ein. Zu den großen Gestalten des Ordens zählen Propst Gerhoch von Reichersberg und dessen Bruder Rudiger, der seit 1167 Propst in Neuburg ist. Von ihm stammt wohl auch das Konzept für den Altar. Bereits ein Jahr nach seinem Amtsantritt stirbt der Propst und überlässt seinem Nachfolger Wernher die Realisierung des Projektes, das im Jahre 1181 vollendet wird. Gestalten aus dem Alten Testament weisen auf Jesus Christus hin und bereiten dessen Wirken vor.

Im Stift selbst sind vor allem die Kaiserzimmer zu erwähnen, die durch ihre erlesene Ausstattung einen besonderen Stellenwert einnehmen. Die hervorragenden Stuckdecken von Santino und Caetano Bussi, die geschnitzten und vergoldeten Supraporten und die prachtvollen Kachelöfen schaffen ein herrschaftliches Ambiente, das zusätzlich durch wertvolle Gemälde und qualitätvolle Möbel verstärkt wird. Der bedeutendste Saal ist das so genannte Gobelinzimmer mit Tapisserien von Urbain Leyniers aus Brüssel. Der Deckenstuck widmet sich dem Gastmahl König Salomos, das dieser für die Königin von Saba veranstaltete.

Das Kloster verfügt über eine sehr bedeutende Kunstsammlung, die sich in verschiedene Bereiche europäischen Kunstschaffens erstreckt. Das prominenteste Stück in den Klosterneuburger Sammlungen ist der Erzherzogshut, die Krone des Erzherzogtums Österreich. Die Stiftung der Krone durch Erzherzog Maximilian III. (1616) wollte ein „Heiligtum" schaffen, das ebenso Verehrung finden sollte wie die ungarische Stephanskrone oder die Wenzelskrone in Böhmen. Bedeutend ist ferner die Klosterbibliothek, die mit über 200.000 Bänden zu den herausragendsten Sammlungen der Buchkunst zu zählen ist. Nach dem Kloster St. Paul im Lavanttal besitzt Klosterneuburg mit 1250 Handschriften die zweitbedeutendste klösterliche Büchersammlung Österreichs. Eines der bedeutendsten Werke ist die Leopolds-Bibel, die dem Stift 1136 geschenkt wurde.

Oben: Meisterwerk aus Email: der Verduner Altar (Detail).

Unten: Eine besondere Attraktion: der imposante alte Stiftskeller von Klosterneuburg.

Benediktinerstift

KREMSMÜNSTER

Herzog Tassilos Vermächtnis

Das Benediktinerstift Kremsmünster ist ein wahres Bollwerk klösterlicher Lebenskultur. Seine Anfänge reichen zurück bis in die ferne Welt der Karolinger. Es war der legendäre Bayernherzog Tassilo, der hier, an der Krems, nachdem sein Sohn Gunther von einem Eber tödlich verwundet worden war, ein Münster stiftete und so dem klösterlichen Leben ein neues Zentrum schuf. Im November 777 stellte der Herzog die Stiftungsurkunde aus, die das Kloster mit reichen Dotationen versah. Schon die ersten Jahre der Klostergründung zeichneten sich durch raschen Zustrom an Mönchen aus und schnell wurde Kremsmünster zu einem religiösen und wissenschaftlichen Zentrum. Weit über die Grenzen des Landes hinaus war die Schreibstube bekannt, in der großartige Codices angefertigt wurden. Die allgemeine Notzeit der Klöster im 16. Jahrhundert ging an Kremsmünster ohne gravierende Einschnitte vorüber und mündete schließlich um 1600 in eine neue Blüte.

Der Bau der Kirche geht auf das Jahr 1232 zurück, das doppeltürmige Westwerk wurde 1350 vollendet. Unter dem barocken Bauherrn und Abt Anton Wolfrath (1613–1639), dem späteren Erzbischof von Wien, erfolgte der „moderne" Umbau. Max Martin Spazzo zeichnete für die Neugestaltung des Kirchenraumes verantwortlich. Aus dieser Zeit stammen die Marmorportale der Sakristeien, die Kommuniongitter, die hervorragenden Chorgitter (Hans Walz 1618) und die Altarblätter in den Seitenaltären der Frauenkapelle. Eine weitere Umgestaltung des Kircheninneren erfolgte unter Carlo Antonio Carlone, aus der berühmten italienischen Baumeisterfamilie,

am Ende des 17. Jahrhunderts. Der kunstvolle Stuck ist eine Kreation von Giovanni B. Colombo und Giovanni B. Barberino. Dazwischen werden 99 Fresken (Grabenberger) eingeschlossen, die sich Themen des Alten und Neuen Testamentes widmen. Die Inneneinrichtung stammt zu einem Großteil aus der Regentschaft des Abtes Erenbert II. Schreyvogl (1669–1703) und wurde ebenfalls am Ende des 17. Jahrhunderts geschaffen. Die bemerkenswerten Arbeiten schuf Meister Michael Zürn aus Gmunden. Der sehr schlichte Hochaltar trägt im Zentrum das Altarblatt von Johann Andreas Wolf, das 1712 fertig wurde und die Verklärung Christi darstellt.

Vom Bestand der alten Kirche stammt unter

Vollendete Ästhetik: die erste Galeriebibliothek nördlich der Alpen.

Linke Seite: Kremsmünster, seit der Karolingerzeit ein Bollwerk klösterlicher Lebenskultur.

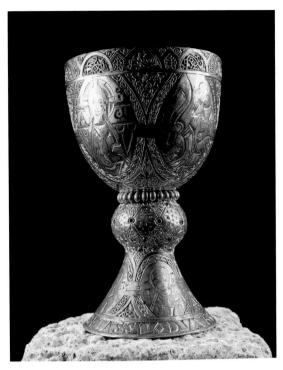

Ein unschätzbares Kleinod: der Tassilo-Kelch, gestiftet vom bayerischen Herzogspaar im Jahre 777.

dem Südturm die Gunther-Kapelle, in der der Sohn Herzog Tassilos bestattet ist. Im stimmungsvollen Raum ist Gunther auf dem Hochgrab (um 1300) zu sehen.

Die riesige Klosteranlage umschließt sechs Höfe. Obwohl die Gebäude edel und aufeinander abgestimmt wirken, so kommt doch nicht der Verdacht der Feudalität auf. Die Wirtschaftsgebäude sind durch einen Wassergraben, über den eine mächtige Brücke führt, vom eigentlichen Klosterbezirk getrennt. Die Stiftstrakte ordnen sich rund um den Prälatenhof an. Neben der heutigen Pforte gelangt man zu den Fischkaltern, für die Kremsmünster berühmt ist. Die drei westlichen Fischbehälter baute Carlo Carlone, die zwei anderen sind von Jakob Prandtauer geplant worden. In der Mitte der Becken stehen Brunnenfiguren: Samson, David, Neptun und Triton von Andreas Götzinger im Westen, Petrus und Tobias von Johann Baptist Spaz im Osten. In den duftigen Arkaden mit ihren toskanischen Säulen schimmern die vom Wasser reflektierten Lichtstrahlen und geben dem Hof ein sehr freundliches Gepräge.

Der prächtigste Raum neben der Kirche ist der Kaisersaal, der seinen Namen von den Bildnissen der Habsburger von Meister Martino Altomonte erhält. Im Deckengemälde wird der geblendeten Luna der Nachthimmel wie ein Vorhang weggezogen. Carlone schuf die erste Galeriebibliothek nördlich der Alpen, die sich aus vier aneinandergereihten Räumen zusammensetzt. Der Freskenschmuck der „neuen Bibliothek" stammt von Christoph Lederwasch (1692) und zeigt Szenen aus dem Alten Testament: Moses, den Turmbau zu Babel und die Übersetzung der Bibel aus dem Hebräischen ins Griechische durch 70 Gelehrte in Alexandrien. Die Büchersammlung umfasst mehr als 100.000 Bände, davon ca. 400 Handschriften und 792 Inkunabeln. Die bedeutendsten Handschriften des Stiftes sind die berühmten *Codices Millenarii* aus der Zeit um 800.

Im Prälatentrakt befindet sich die sehr umfangreiche Kunstsammlung des Stiftes, deren berühmtestes Exponat der legendäre Tassilokelch ist. Aus dem Schatz des Herzogs stammen auch die beiden Leuchter, in denen angeblich das Szepter des Fürsten verarbeitet ist. Eine beeindruckende Gemäldegalerie

Der geflügelte Stier, Symbol des Evangelisten Lukas. Miniatur im „Codex Millenarius Maior", um 800.

Die drei Stifterfiguren krönen das Brückentor. In der Mitte Herzog Tassilo III. mit einem Modell des Klosters.

mit bedeutenden Werken europäischer Malkunst führt in die Kunst- und Wunderkammer, die Auskunft über die Sammelleidenschaft der Äbte gibt. Arbeiten aus Elfenbein, Gold, Glas, Holz und Edelstein stammen aus mehreren Epochen und sind in barocken Schaukästen ausgestellt. Einer der schöns-

Reiche Bestände in barocken Schaukästen zeugen von der großen Sammelleidenschaft der gelehrten Äbte.

ten Räume des Klosters ist das so genannte Gobelinzimmer mit kostbaren Wandteppichen aus dem 17. Jahrhundert.

Die Sternwarte des Stiftes gilt als ältestes Hochhaus Europas. An der Spitze des siebenstöckigen Turmes haben vier Zwergenfiguren von Franz Josef Feichtmayr (1697) Platz gefunden. Die Sternwarte kontrastiert mit den Kirchtürmen und soll damit die weltliche Komponente unterstreichen, aber auch das Streben nach Weisheit und Gelehrsamkeit ausdrücken. Im untersten Stockwerk finden sich Geologie und Paläontologie, darauf folgen die Sammlungen zu Mineralogie und Physik, dann Zoologie und Kulturschaffen, danach die Astronomie und zuletzt die Kapelle als Symbol der Theologie, der obersten Weisheit. Die Bauarbeiten für die Sternwarte wurden 1748 begonnen.

Etwas östlich der Sternwarte befindet sich ein Gartenhaus, das die Form einer orientalischen Gebetsstätte angenommen hat, daher auch der treffende Name: „Moschee" – erbaut von Domenico d'Allio.

LAMBACH

Freskenschmuck und Stiftstheater

Obwohl Stift Lambach zu den bedeutendsten Klosteranlagen Österreichs zählt, ist die mächtige Kirchenburg über der Traun doch vielen unbekannt. Dies mag daran liegen, dass die Abtei nach außen nicht den barocken Prunk und Glanz anderer Klöster entfaltet. Wer sich allerdings näher mit Stift Lambach beschäftigt, wird seinen besonderen Reiz erkennen und von der Vielschichtigkeit und den Kleinodien des Ensembles begeistert sein. Die Attraktion des Stifts sind die großartigen romanischen Fresken, die 1957 bei Restaurationsarbeiten im ehemaligen Westchor der Stiftskirche freigelegt wurden.

Blicken wir zurück auf die fernen mittelalterlichen Anfänge des Stifts: Wo sich heute die Klostergebäude erheben, stand einst die Stammburg der Grafen von Lambach-Wels. Der jüngste Spross Graf Arnolds II., Adalbero, ergriff den Priesterberuf. Schon während des Studiums verband ihn eine enge Freundschaft zu Altmann, dem späteren Bischof von Passau und Gebhard, der später Bischof zu Salzburg wurde. 1040 stiftete Graf Arnold ein Kollegiatsstift, das er mit 12 Weltpriestern besetzte. Schon fünf Jahre später setzte sich Adalbero auf den Bischofsthron von Würzburg und wurde einer der einflussreichsten Kirchenfürsten seiner Zeit. Im Investiturstreit, dem Krieg zwischen Kaiser Heinrich IV. und Papst Gregor VII., entschied er sich, wie seine Studienfreunde, für die Partei des Papstes. Nach dem Sieg Heinrichs IV. musste er schließlich Würzburg verlassen und zog sich nach Lambach zurück, wo er in der Folge auch bestattet wurde. Inzwischen war aus dem Kollegiatsstift ein Benediktinerkloster geworden, das derartigen Zuspruch fand,

dass von hier aus 1089, ein Jahr vor dem Tod des Bischofs, das weltberühmte Stift Melk gegründet wurde.

Schon früh war Lambach ein Zentrum von Bildung und Wissenschaft. Im 12. Jahrhundert kann eine Schule nachgewiesen werden, die zum Mittelpunkt der Wissensvermittlung für das Umland wurde.

In der kriegerischen Auseinandersetzung zwischen Herzog Otto III. von Bayern und dem Babenberger Friedrich II. wurde die Stiftsanlage mit Ausnahme des Westchores und seines hervorragenden Freskenschmuckes zerstört. Schnell ging man an den Wiederaufbau, dem eine kurze Zeit der Blüte folgte, ehe sich die Schatten der Reformationszeit über das Kloster legten. Erst in der Barock-

Das prächtige Hauptportal mit dem Stiftswappen, geschaffen von Jakob Auer, 1681/93.

Linke Seite: Kontemplative Architektur: der malerische Kreuzgang.

zeit kam ein neuerlicher Aufschwung, dem die Anlage ihr heutiges Aussehen verdankt. Zwischen 1652 und 1656 entstand an der Stelle der gotischen Kirche ein einschiffiges barockes Gotteshaus, dem bald die Umbauarbeiten an Bibliothek und Konventbereich folgten. Für die Zeit großen künstlerischen Schaffens gibt das „Barocktheater" Zeugnis, das während der Regentschaft des Abtes Amandus Schickmayr 1769 erneuert wurde. Unter Joseph II. entging Stift Lambach nur knapp der Aufhebung. 1941 schlossen die Nationalsozialisten das Kloster, doch schon nach vier Jahren konnten die Mönche das klösterliche Leben wieder aufnehmen.

Der Gang durch Stift Lambach gleicht einem Gang durch die Geschichte. Schon das prächtige Hauptportal von Jakob Auer bietet ein außergewöhnliches Kunsterlebnis. Das von mächtigen Säulen flankierte Tor wird von den ausgezeichneten Barockstatuen der Heiligen Adalbero und Kilian und in der Mitte von Maria mit Kind überragt und gibt den Blick auf den großzügigen äußeren Klosterhof (17. Jahrhundert) mit seiner mächtigen doppelarmigen Treppe frei. Mittelpunkt des Klosters ist die Kirche, deren Fassade sich der Einfachheit der äußeren Baustruktur anpasst.

Der König der Könige. Romanisches Fresko im ehemaligen Westchor der Stiftskirche, 11. Jahrhundert.

Die beiden Türme stehen auf romanischen Unterbauten, die 1639 erhöht wurden. Heute erinnert kaum mehr etwas an die mittelalterliche Burganlage. Reste sind da und dort noch zu erkennen, aber im Großen und Ganzen dominiert gutes österreichisches Barock. Beim Betreten der Kirche ist man von der Großzügigkeit und Qualität der Ausstattung überrascht, obwohl der Gottesdienstraum mit 29 Metern nicht groß ist. Die ganze Breite des Altarraumes wird durch den prächtigen Hochaltar eingenommen, der Anleihen an Johann Bernhard Fischer von Erlach vermuten lässt und nach Entwürfen von Antonio Beduzzi schließlich zwischen 1711 und 1717 von Johann Spaz gefertigt wurde.

Um 1655 schuf der Linzer Stuckateur Thomas Zaisel den geschmackvollen Raumschmuck, der schließlich durch Fresken des Münchner Hofmalers Melchior Steidl 1698 veredelt wurde.

Nicht minder kunstvoll ist der anschließende Sakristeiraum ausgestattet, der allerdings die Spuren einer etwas dilettantischen Renovierung im 19. Jahrhundert nicht verschweigen kann. Das Marmor-Lavabo aus 1660 versöhnt allerdings mit dieser Tatsache – ebenso wie die gediegenen Schränke des Lambacher Tischlers Josef Michl (1777). Wer die bezaubernde Eleganz und Virtuosität des Barock erleben will, findet diese in mehreren Räumen des Klosters. Besonders prachtvoll sind das Ambulatorium und das Sommerrefektorium ausgestattet, die räumlich übereinander liegen. Die beiden großen Räume sind mit beachtlichen Stuckaturen versehen, deren freie Felder ausgezeichneten Malereien Platz bieten. Die berühmte italienische Künstler-Dynastie der Carlone hat hier ihre großartige Handschrift hinterlassen.

Zu den Höhepunkten von Stift Lambach gehört auch das Barocktheater, das einzige erhaltene barocke Schultheater Österreichs, im 2. Stock des Abteitraktes. Die Stirnseite mit Bühne und zwei Portalen ist ein Juwel der scheinarchitektonischen Malerei. Säulchen, kleine Balkone und allegorische Figu-

Romanisches Fresko aus der Zeit des heiligen Adalbero: Die Selbstoffenbarung Christi bei der Heilung des Besessenen in der Synagoge von Kapernaum, 11. Jahrhundert.

ren verbinden sich zu einer reizvollen, verspielten Kulisse, die das theatralische Element ungemein lebendig werden lässt. Kontrastiert wird der Bühnenbereich mit mehrfach verschobenen Kulissenebenen durch den schlicht gehaltenen Zuschauerraum.

Etwas gedrungen wirkt die große Bibliothek mit Gemälden Melchior Steidls. Das überdimensionale Mittelfresko greift das Thema des 12-jährigen Jesus im Tempel auf, während sich das restliche Bildprogramm den Lehrern der Kirche widmet. Die einfachen Bücherregale reichen bis an die Decke und bergen vorwiegend Bücher (ca. 50.000) des 17. und 18. Jahrhunderts, dazu etwa 800 Handschriften und 145 Inkunabeln. Das

älteste Manuskript des Klosters stammt aus karolingischer Zeit und wurde aus dem Gründungskloster Münsterschwarzach mitgebracht.

Lambach besitzt zwar nicht sehr viele Kunstschätze, dafür aber einige sehr erlesene Stücke wie etwa einen spätgotischen Abtstab und den „Kelch des hl. Adalbero", von dem die Kuppa noch aus dem beginnenden 13. Jahrhundert stammt, während der Rest im 19. Jahrhundert ergänzt wurde. Aus der Gotik datiert der Stab des Abtes Thomas Messerer, der zu den beeindruckendsten Kostbarkeiten zählt. Die Schatzkammern besitzen schöne Schränke, die zwischen 1660 und 1700 angefertigt wurden.

LILIENFELD

Pracht und Glanz des Mittelalters

Die hohe Zeit der Klöster war das Mittelalter. Damals prägten die großen Orden nicht nur die Wirtschaft des Landes, sondern die Klöster waren auch Zentren von Bildung und Architektur. Stift Lilienfeld ist heute die größte noch erhaltene Klosteranlage aus dem Mittelalter. 1202 gründete Herzog Leopold VI. das Kloster im oberen Traisental und gab ihm zunächst den Namen Mariental. Später setzte sich immer mehr der Name Lilienfeld durch, der auf das zweite Kapitel des Hohen Liedes im Alten Testament anspielt. Zisterziensermönche aus Stift Heiligenkreuz rodeten das Umland und machten es urbar. Schnell erlangte das Kloster, das am uralten Pilgerweg nach Mariazell, der *Via sacra*, liegt, eine herausragende Stellung und die Mitgliederzahl wuchs auf über 100 Konventualen an.

Nach der Blüte des Mittelalters, der Gründung einer Schule und einer eigenen Schreibstube erlebte Stift Lilienfeld in der Reformation düstere Zeiten. Das Land war im Aufbruch und der Protestantismus machte auch vor den Mauern des Stiftes nicht Halt. Nur mehr sechs Mönche lebten in den weitläufigen Gebäuden, hielten aber eisern ihre Ordensregel aufrecht. Langsam erholte sich das Stift, das den Türken 1683 erfolgreich trotzte, und konnte durch die Umsicht tüchtiger Äbte zu neuer Blüte geführt werden. In diese Zeit fällt auch die barocke Ausstattung der Stiftskirche. Der Klostersturm Josephs II. beendete 1789 das klösterliche Leben, das aber bereits unter seinem Nachfolger und Bruder Kaiser Leopold II. 1790 wieder aufgenommen werden konnte. 1810 wütete ein verheerender Großbrand, der neben dem Refektorium auch den ehemaligen Schlafsaal und die Sebastianikapelle vernichtete.

Stilistisch ist das Stift Lilienfeld in den Übergang von der Romanik zur Gotik einzuordnen und führt auf Schritt und Tritt zu charakteristischen Merkmalen der Zisterzienserarchitektur. Der mittelalterliche Kern des Klosters wird von langgestreckten Trakten mit Ecktürmen aus dem 17. Jahrhundert umschlossen. Unmittelbar an die Kirche schließt sich der Kreuzgang zu einem Quadrat von 41,5 mal 41,5 Metern. Er gilt als einer der schönsten und prächtigsten Kreuzgänge des deutschen Sprachraumes und ist mit 478 Marmorsäulen ausgestattet. Innerhalb des Kreuzganges gibt es in allen Zisterzienserklöstern eine strenge Anordnung der angeschlossenen Räume: Dem Kapitelhaus ab ca. 1202 errichtet, folgen das Brunnenhaus,

478 Marmorsäulen formieren sich zu einem der prächtigsten Kreuzgänge des deutschen Sprachraumes.

Linke Seite: Kloster an der Via sacra: Lilienfeld.

Zum Gedenken an den Gründer: der österreichische Herzogshut auf dem barocken Grabmal Leopolds VI.

Zwischen 1202 und 1263 wurde die Stiftskirche als größter Sakralbau Niederösterreichs errichtet. Das gewaltige frühgotische Trichterportal mit 32 kleinen Marmorsäulen mündet in einen angedeuteten Spitzbogen und ordnet sich trotzdem harmonisch der 1775 barockisierten Fassade unter. Ursprünglich besaß die Kirche lediglich einen Dachreiter; seit 1703 wird sie durch den mächtigen Westturm überragt. Im Inneren der Basilika hat sich das mittelalterliche Gepräge weitgehend erhalten, obwohl die Innenausstattung gänzlich aus dem Barock stammt.

Der Gedanke eines Pilgerweges, der vom Eingang bis zum Hochaltar führt, wird aufgegriffen und zeigt eine Steigerung der Kunstwerke Richtung Osten gehend. Beeindruckend ist neben den Altären mit Bildern von Martino Altomonte das prachtvolle Chorgestühl, das Frater Ludwig Kögel erdacht hat. Harmonisch in ihrer Farbigkeit korrespondieren Kanzel und Chororgel. An der kleinen Orgel ist König David mit der Harfe dargestellt. Die

das 1886 rekonstruiert wurde, und die alte Pforte aus dem 13. Jahrhundert. Im Dormitorium der Brüder befinden sich 16 Bilder – ein Zyklus aus dem Leben des hl. Josef, datiert mit 1661.

Ein Juwel barocker Architektur und Kunsthandwerks: Grazile Stuckornamente überspannen den fantasievoll ausgestatteten

Alabasterreliefs thematisieren die Übertragung der Bundeslade in den Tempel. Den Abschluss der Kanzel bildet die Statue des hl. Bernhard, des zweiten Gründers des Zisterzienserordens. Das zentrale Hochaltarbild stellt die Himmelfahrt Mariens dar und ist ein Werk Daniel Grans aus dem Jahr 1746. Das Altarblatt wird flankiert von den großen Figuren des hl. Leopold und des Papstes Eugen III. und auf der anderen Seite durch den hl. Malachias und den hl. Florian. Nach oben wird dieser „Gottesthron" durch die Darstellung der Hl. Dreifaltigkeit abgeschlossen. Obwohl die barocke Einrichtung die Gesamtwirkung der Kirche etwas mindert, ist die Stiftsbasilika von Lilienfeld das herausragendste Beispiel zisterziensischer Baukunst in Österreich. Bemerkenswert ist der Chor der Kirche mit einem zweischiffigen Chorumgang – eine Ähnlichkeit zur Architektur des Stammklosters in Citeaux. Hinter dem Hochaltar befinden sich in diesem Hallenumgang drei Altäre – links jener des hl. Benedikt mit

Das frühgotische Trichterportal der Stiftskirche und seine barocke Umrahmung aus dem Jahre 1775.

einem Gemälde von Martino Altomonte und den Statuen der Schüler des Heiligen, Maurus und Placidus. Der mittlere Altar zeigt Joachim und Anna sowie Zacharias und Elisabeth und ist der Gottesmutter geweiht. Und auf der rechten Seite der Altar des hl. Bernhard wiederum mit einem Gemälde Martino Altomontes. Die Statuen stellen die beiden heiligen Äbte von Citeaux, Alberich und Stephanus, dar.

Von herausragender Bedeutung ist die um 1700 durch die Laienbrüder Johann Jakob Pianck und Ludwig Penckel geschaffene Bibliothek des Stiftes. Die kostbar intarsierten Bücherschränke sind ein Werk des Fraters Laurentius Schäfferle. Mit etwa 40.000 Druckwerken, 119 Inkunabeln und 229 Handschriften ist die Bibliothek zwar eine der kleineren Klosterbibliotheken, in ihrer Ausstattung allerdings ein wahres Juwel barocker Architektur und Kunsthandwerks. Die mittelalterliche Schreibstube des Stifts brachte einige herausragende Werke hervor, unter ihnen die kostbare *Concordantiae Caritatis* (1350) des Abtes Ulrich, eine Schrift, die das biblische Geschehen schildert und eine Synthese aus Altem und Neuem Testament herstellt.

Bibliotheksraum von Stift Lilienfeld.

MELK

Die Perle über der Donau

Majestätisch überragt die beeindruckende Silhouette des Stiftes Melk die gleichnamige Stadt und die idyllische Landschaft der Wachau. Das Barockjuwel an der Donau steht nicht nur für den Glanz einer Epoche in Österreich, sondern ist auch ein herausragendes Denkmal klösterlicher Kultur und benediktinischer Tradition. Zunächst errichtete hier 976 Markgraf Leopold I. seine Residenz. Die alte Burg übergab er weltlichen Kanonikern. Markgraf Leopold II. erbat aber schon 1089 aus Lambach Benediktinermönche, um eine Abtei ins Leben zu rufen. Bald nach der Gründung des Klosters blühte es auf und wurde zu einem Zentrum von Bildung und Kultur. Die Gründung einer Klosterschule und eines Skriptoriums steigerten das Ansehen des Stiftes.

Einen schweren Rückschlag erlitt das Kloster, als 1297 fast das gesamte Gebäude einem Großbrand zum Opfer fiel. Am Beginn des 15. Jahrhunderts wurde das Stift zum Mittelpunkt einer klösterlichen Reform, die heute noch als die „Melker Reform" bezeichnet wird und für eine Neuordnung der klösterlichen Disziplin in vielen Benediktinerabteien Österreichs und Bayerns sorgen sollte. Nach dem Niedergang in der Renaissancezeit erlebt Melk in der Epoche des Barock den unbestrittenen Höhepunkt seiner Geschichte. Der kunstsinnige und humanistisch geprägte Abt Berthold Dietmayr (1700–1739) lässt den kühnen Plan eines völligen Neubaus reifen. Nach den ehrgeizigen Plänen des berühmten Architekten Jakob Prandtauer entstand eine vollkommen durchkomponierte Anlage, die ihresgleichen suchte. Die gewaltige Front, die der Stadt zugewandt ist,

übertraf sogar die prachtvollen kaiserlichen Bauten in Wien. Insgesamt wurden fast 16.000 m² Fläche verbaut, deren Mittelpunkt die Kirche einnimmt. Ein Stein gewordenes Credo!

Vom Osten betritt der Besucher das Stift und ist beeindruckt von der Weite der Anlage. Die Reste des alten Klosterbaus sind an den beiden Bastionen, die den Eingang flankieren, heute noch zu erkennen. Ionische Pilaster gliedern den Torbereich, dessen figuraler Schmuck eine Schöpfung Lorenzo Mattiellis (1718) ist. Der lang gestreckte Vorhof führt durch eine Torhalle, deren Grundriss ein

Stein gewordenes Credo: Die Stiftskirche ist Mittelpunkt.

Linke Seite: Wahrzeichen an der Donau und Inbegriff barocker Klosterpaläste: Stift Melk.

Achteck beschreibt, in den Prälatenhof. Die Symmetrie des Hofes ordnet sich den barocken Gestaltungsformen unter, wirkt aber trotz der Massigkeit der Flügelbauten nicht drückend, sondern sehr offen und einladend. In den aufgesetzten Giebelfeldern prangen heute zeitgenössische Fresken, die vier Tugenden darstellend. Über die Kaiserstiege gelangt man in die ehemaligen Kaiserzimmer, in denen ein Museum untergebracht ist. Exzellente Inszenierungen verstehen es dabei ausgezeichnet, die Schätze des Klosters ins rechte Licht zu rücken. Besonders prunkvoll ist das Melker Kreuz gestaltet, das aus der ersten Hälfte des 13. Jahrhunderts stammt und als der bedeutendste Schatz des Klosters bezeichnet werden kann. Gold- und Silberarbeiten, Schnitzereien aus Elfenbein und kostbare Textilien laden zu einem Gang durch die Geschichte und zu einer berühren-den Begegnung mit der Lehre des heiligen Benedikt ein. Der Raum für das „weltliche Fest" war der Marmorsaal, der den barocken Lebensgeist zur vollen Entfaltung führt.Der Kontrast der grauen Wandflächen und der orangefarbenen Pilaster wirkt sehr reizvoll und führt im fantastischen Deckengemälde Paul Trogers (1731) zum Höhepunkt. Zentral ist die Göttin der Weisheit, Pallas Athene, zu sehen, sie wird im Löwenwagen im Triumph über den Himmel geführt.

Der wissenschaftliche Brennpunkt der Abtei ist die Bibliothek. Der Raum ist verglichen mit den Sälen in Admont und Vorau relativ klein (ca. 20 m lang), wirkt aber in seiner Ausstattung wesentlich gediegener. Die virtuos intarsierten Bücherschränke reichen bis an die Decke des zweigeschossigen Raumes. Die Deckenmalereien stammen von Paul Troger und zollen dem Triumph der göttlichen Weis-

Eine göttliche Symphonie aus Farben und Formen: die Ausstattung der Stiftskirche von Antonio Beduzzi.

heit und den Kardinaltugenden Tribut. Im Bibliotheksraum befinden sich Drucke ab etwa 1500; die wertvollen Handschriften und Inkunabeln (Drucke bis etwa 1500) sind in einem eigenen Raum des Bibliotheksensembles untergebracht. Das Kloster besitzt 1.858 Manuskripte. Das älteste davon stammt aus dem 9. Jahrhundert und ist eine Abschrift des berühmten Benediktiners Beda Venerabilis.

Über eine Wendeltreppe, die durch ihre farblichen Nuancen ihren besonderen Reiz erhält, gelangt man schließlich in die mächtige Stiftskirche, die den Apostelfürsten Petrus und Paulus geweiht ist. Die monumentale Ausstattung des Gotteshauses verweist auf die Regel des hl. Benedikts, in der er sagt, dass dem Gottesdienst nichts vorgezogen werden darf. Die Kirche war auch der erste Bereich des Klosters, der 1702 von Jakob Prandtauer konzipiert und umgesetzt wurde. Die Wahl der Farben, die Formen des Stucks und die Qualität der Malerei klingen zu einer göttlichen Symphonie an. Das barocke „Theater" der Liturgie wird bewusst, wenn man den Raum auf sich wirken lässt. Überall ist die Handschrift Antonio Beduzzis zu sehen, der gewissermaßen das Monopol zur Ausstattung des Stiftes besaß. Abt Dietmayr entwarf selbst das theologische Programm, das er den Künstlern dann zur Ausführung vorlegte. Die Deckenfresken (1716/1722) schuf der aus Salzburg stammende Michael Rottmayr. Kaum ein anderer Sakralbau vermittelt eine derartige Harmonie zwischen Architektur und Malerei. Die mächtige Kuppel mit ihrer gewaltigen Höhe von 64 Metern zieht den Blick des Betrachters unwillkürlich in die Höhe und vermittelt so eindrucksvoll die Erfahrung von Transzendenz.

Wie eine Kulisse schließt der Hochaltar nach Plänen von Galli-Bibiena den Kirchensaal nach Osten ab. Über der Predella steht als Abschluss die Tiara, die auf Christus selbst, das Haupt der Kirche, hinweist. Gleichzeitig aber wird das Papsttum symbolisiert. Darüber reichen einander Petrus und Paulus die Hände – es ist ein Abschied. Zwischen den

Stift Melk beindruckt auch im Inneren durch seine Monumentalität und Weite: der Kaisergang.

mächtigen Altarsäulen sind die Statuen der alttestamentarischen Propheten Daniel, Jeremia, David, Jesaja, Ezechiel und Gideon zu sehen, die als Vorbilder der Apostel des Alten Bundes gelten.

Der Freskenschmuck des Langhauses greift das Leben des hl. Benedikt auf und stellt so den Bezug zur in Melk wirkenden Ordensgemeinschaft her. Dargestellt ist der Triumphweg des Heiligen in den Himmel. Die Kuppel dagegen verweist auf die himmlische Glorie – eine Vision! Gottvater und Christus und in der Laterne der Heilige Geist – um dieses Zentrum scharen sich die Heiligen, die eine besondere Beziehung zu Melk haben.

Von hoher Qualität ist auch die übrige Einrichtung der Stiftskirche. Die Seitenaltäre, die sich in Form- und Farbgebung dem Hochaltar anpassen, sind ebenfalls nach Entwürfen Antonio Beduzzis entstanden. Stuck und Malerei des Raumes verzweigen sich mit dem restlichen Interieur zu einem großartig wirkenden Gesamtgeflecht.

Der aufgeschlossene Besucher wird in Stift Melk, diesem einzigartigen Kulturensemble an der Donau, genau den Zeitgeist finden, dem sich die Benediktiner zu allen Zeiten verschrieben haben: Dass in allem Gott verherrlicht werde *(Ut in omnibus glorificetur deus!)*.

Benediktinerstift

MILLSTATT

Kobolde und Dämonen

Eines der reizvollst gelegenen Klöster Österreichs ist die ehemalige Benediktinerabtei Millstatt am Ufer des gleichnamigen Sees. Kärnten war einst reich an Stiften, von denen allerdings heute nur mehr eines existent ist: das Benediktinerstift St. Paul im Lavanttal. Wie viele österreichische Klöster hat auch Millstatt eine Sage, die vom Ursprung erzählt. Der legendäre Karantanenherzog Domitian soll demnach, als er seinen Sohn im See ertrinken sehen musste, einen Tempel mit „tausend" Götzenstatuen *(mille statuae)* zerstört haben. Es war üblich, an den alten heidnischen Kultorten christliche Kirchen zu errichten; so ist es auch nicht verwunderlich, dass schon in karolingischer Zeit (9. Jahrhundert) in Millstatt eine Kirche nachgewiesen werden kann. 1060 wurde dann von den Aribonen ein Kloster gestiftet, das mit Mönchen aus der berühmten Reformabtei Hirsau besiedelt wurde. Schon früh war die Benediktinerabtei mit weltlichen und geistlichen Privilegien ausgestattet und 1122 nahm es der Papst in seinen persönlichen Schutz. Im Mittelalter erlebte das Kloster eine gewaltige Blütezeit. Berühmt war die Schreibstube, in der so großartige Handschriften wie die *Millstätter Genesis* oder der *Physiologus* entstanden. Bücher aus Millstatt kamen aber auch in andere Klöster und waren dort wegen ihrer Qualität sehr geschätzt.

Die Zeit der Blüte dauerte allerdings nicht lange. 1278 vernichtete ein verheerender Brand Kirche und Konventgebäude und ebenso schien in dieser Zeit die sittliche Ordnung aus allen Fugen geraten zu sein – so berichtet die Überlieferung von nächtlichen Zusammenkünften der Mönche, bei denen man sich hemmungslos der Sünde hingab; 1287 wurde ein wegen Mordes angeklagter Konventuale vom Salzburger Erzbischof vom Messelesen suspendiert; zwei Mönche sollen aus dem Kloster gewiesen worden sein. Die Folge dieser unliebsamen Vorkommnisse war, dass die Benediktiner des Klosters ihren Rückhalt in der Bevölkerung des Umlands verloren.

Jeglicher wirtschaftlicher Fundamente beraubt, verfiel das Kloster zusehends. Eine Visitation konnte schließlich die katastrophalen Verhältnisse nur mehr bestätigen und schon 1469 verfügte Kaiser Friedrich III. die Aufhebung des Klosters und berief den zum Schutz gegen die Türken gegründeten St.-Georgs-Ritterorden nach Millstatt. 1499 ließ der Großmeister dieses Ritterordens neben dem Kloster einen befestigten Bau

Trat an die Stelle eines alten Kultortes: Stift Millstatt.

Linke Seite: Ein Bilderbogen von der Erschaffung der Welt bis zum Jüngsten Gericht: das Millstätter Fastentuch aus dem Jahre 1593.

Faszinierendes heidnisches Erbe: In den Säulenkapitellen von Millstatt hat die Bilderwelt des uralten Dämonenglaubens ihre eindrucksvolle Gestaltung gefunden.

errichten, der später noch vergrößert wurde. Das wirtschaftliche Unvermögen des Ordens führte schließlich zu einer Übergabe des gesamten Gebäudekomplexes 1598 an die Jesuiten. Diese sanieren das Gebäude und lassen die Stiftskirche mit gediegenen Barockaltären ausstatten.

Die Stiftskirche von Millstatt gehört zu den interessantesten sakralen Baudenkmälern Kärntens. Die Wurzeln der dreischiffigen Pfeilerbasilika sind in romanischer Zeit zu suchen und erfuhren später eine gotische Erweiterung. Die beim Stiftsbrand vernichtete westliche Vorhalle, die zunächst die gesamte Breite des Gotteshauses einnahm, wurde in drei Teile gegliedert. Der linke Bereich dient heute als Taufkapelle. Aus dem 12. Jahrhundert stammt das Westportal, dessen Tympanon Abt Heinrich II. mit Kirchenmodell, Sonne, Mond und Sternen zeigt. Ein gewisser Rudger wird als Schöpfer dieser fantasievollen Arbeit ausgewiesen, gleichzeitig gilt er auch als Kreator der fabelhaften Kapitelle in Kirche und Kreuzgang. Nahezu dämonisch wirkt der figurale Schmuck und greift die Urangst des Menschen vor den Mächten der Finsternis auf.

Der romanische Kreuzgang mit seinen kunstvoll gestalteten Säulenkapitellen, 12. Jahrhundert.

Zur Fastenzeit wird der mächtige Hochaltar (1648) der Pfarr- und ehemaligen Stiftskirche Christus Salvator und Allerheiligen mit dem berühmten Fastentuch verhängt.

Obwohl die Kirche sehr lang ist und mit ihren 66 Metern eine der größten Kirchen Kärntens darstellt, wirkt der Innenraum der von Netzrippen überspannten Halle mit ihrer Höhe von 12,5 Metern etwas gedrungen. Die Kirche ist durch den mächtigen Hochaltar geprägt, der an den Seiten von mit Maßwerk geschmückten hohen Fenstern flankiert wird. Der Altar ist eine Schöpfung aus dem Jahre 1648. Vom Vorgänger dieses Altares, einem gotischen Flügelaltar, haben sich nur Teile erhalten, die heute noch in der Kirche zu sehen sind. In der Fastenzeit wird der Altar, der die Heilige Dreifaltigkeit zeigt (1826 von Johann Bartl), von einem über 50 m² großen Fastentuch aus dem Jahr 1593 verhüllt, das zwölf Szenen aus dem Alten und 29 Bilder aus dem Neuen Testament zeigt – ein Bilderbogen von der Erschaffung der Welt bis zum Jüngsten Gericht.

Neben den zahlreichen Altären, die großteils aus der Barock- bzw. Rokokozeit stammen, ist der reiche Freskenschmuck erwähnenswert. Das Weltgerichtsfresko von Urban Görtschacher (um 1515) läßt Christus auf dem Regenbogen erscheinen, flankiert von Maria und den Zwölf Aposteln.

Besonders berühmt ist das Stift Millstatt für seinen romanischen Kreuzgang, der in seiner Form einzigartig für Österreich ist. Ursprünglich waren die Gänge flach gedeckt, das heutige Gewölbe erhielten sie erst um 1500. An Formenreichtum und Originalität werden die Kapitelle und Basen der Säulchen und Paarsäulchen kaum übertroffen. Aufgrund auffallender Stilähnlichkeiten mit der Ausstattung der Vorhalle kann man von einer Entstehung um die Mitte des 12. Jahrhunderts ausgehen. Neben den großartigen Kapitellformen sind einige Wandmalereien bemerkenswert. Über dem Kapitelsaalbogen ist eine Madonnendarstellung zu sehen, die Meister Friedrich von Villach (um 1430) zugeschrieben wird.

Benediktinerinnenstift

NONNBERG

Krone, Thron und Klosterleben

Die Türme und Kuppeln Salzburgs erschaffen die einzigartige Silhouette einer Stadt, die zu Recht den Beinamen „ Rom der Alpen" trägt. Im Wesentlichen geht das Gepräge dieser ehemaligen Kirchenmetropole auf Fürsterzbischof Wolf Dietrich von Raitenau zurück, der basierend auf den Texten des heiligen Augustinus *(De Civitate Dei)* von der Errichtung eines Gottesstaates träumte. Die Wurzeln der Stadt allerdings, sowie der beiden ältesten Klöster, St. Peter und Nonnberg, sind bereits am Beginn des 8. Jahrhunderts zu suchen, als der hl. Rupert hier mit seiner Missionierung begann. Kurze Zeit nach der Gründung des Klosters um 700 berief Bischof Rupert seine Nichte Erentrudis als erste Äbtissin. Um die Jahrtausendwende erlebte das Stift unter Äbtissin Wiradis I. (998–1027) einen historischen Höhepunkt. Hohe Privilegien dokumentierten die herausragende Bedeutung der Abtei. Dazu gehörten die Verwendung des Faltistoriums (des Klappstuhls) und des Äbtissinnenstabes. Nach einer Brandkatastrophe im 15. Jahrhundert, dem sämtliche Klostergebäude zum Opfer fielen, begann man mit dem Aufbau der heutigen Anlage im spätgotischen Stil. Immer wieder verzeichnete die Chronik Blütezeiten und solche der Depression, in denen das Klosterleben nahezu zum Erliegen kam. Eine schwere Zäsur in der Geschichte des Nonnberges stellten die Säkularisation des Fürsterzbistums Salzburg am Beginn des 19. Jahrhunderts und die Plünderung in den Franzosenkriegen dar. Heute zählt die Abtei Nonnberg noch immer zu den wichtigsten Frauenklöstern des deutschen Sprachraumes und verfügt über eine beeindruckende Kunstsammlung,

die allerdings fast gänzlich unter Verschluss gehalten wird. Erfreulich ist es, dass in der Liturgie der Nonnen zahlreiche historische Kultgegenstände nach wie vor Verwendung finden. Die Tradition der Benediktinerinnen rückt die Pflege der Liturgie in den Mittelpunkt des Ordenslebens.

Über dem Grundriss der einstigen romanischen Kirche entstand der dreischiffige gotische Bau, der heute noch die Imposanz und Fantasie dieser Epoche widerspiegelt. Das Mittelschiff, das von einem Kreuzrippengewölbe überspannt wird, überragt die beiden Seitenschiffe bei weitem. Obwohl man in der Gotik die Symmetrie als wichtiges Stilelement entdeckte, verleiht diese räumliche Dis-

Das älteste seit seiner Gründung ununterbrochen bestehende Frauenkloster: Stift Nonnberg.

Linke Seite: Bilddokument aus einer versunkenen Welt: Fresko Papst Gregor, Mitte des 12. Jahrhunderts.

krepanz dem Sakralbau eine eigentümliche Wirkungskraft, die durch den eingezogenen Nonnenchor noch unterstrichen wird. Der östliche Teil der Kirche wird von drei Apsiden dominiert, in der mittleren befindet sich der beeindruckende Hochaltar. Teile dieses Altares sind 1529 im Dom abgetragen und hier aufgestellt worden – ursprünglich befanden sie sich in der Kirche von Scheffau bei Golling. Im Zentralfeld stehen die Figuren der Gottesmutter, des hl. Rupert und des hl. Virgil. Beeindruckend ist ebenso das mittlere der drei hohen Fenster in der Apsis, das um 1480 in Straßburg entstand.

Weit übertroffen werden alle Kunstwerke der Kirche durch die romanischen Fresken unterhalb des Nonnenchors. Die 1150 entstandenen Malereien lassen die großartige Ausstattung des alten Gotteshauses erahnen. Ebenso bemerkenswert ist die Ausstattung der Krypta, deren Fresken byzantinischen Einfluss verraten. 18 Säulen tragen die weiten Gewölbe der romanischen und 1471 spätgotisch erneuerten Krypta. Krypten besitzen im Salzburger Raum keine Tradition, sondern sind stark durch den italienischen und norddeutschen Kulturbereich beeinflusst. Ähnliche, mit Säulen ausgestattete Krypten findet

Salzburgs älteste Marienkirche: die dreischiffige Stiftskirche, geweiht Maria Himmelfahrt.

man in Verona, Modena oder Speyer. Im Einflussbereich der Salzburger Erzbischöfe gab es ähnlich beeindruckende Räume nur in den Stiften von Gurk und Eberndorf in Kärnten. Aus dem Bestand der alten romanischen Bauplastiken stammt der sogenannte „Nonnberger Hund", der in Wirklichkeit einen Löwen darstellt und sich auf die berühmten lombardischen Portallöwen beruft. Im Bereich der Krypta befindet sich auch das Grabmal der hl. Erentrudis. Ihr zu Ehren wird einmal jährlich das Erentrudisfest veranstaltet, bei dem der Schrein mit den Überresten der ersten Äbtissin feierlich durch den gesamten Klosterbezirk getragen wird.

Neben der Stiftskirche als dem zentralen Ort des Klosters verdient der Kapitelsaal besondere Beachtung. Das mächtige Tonnengewölbe des Saales wird von einer freistehenden Marmorsäule getragen. Alle freien Wand- und Deckenflächen sind mit Malereien aus dem Jahre 1571 geschmückt. Der Betrachter fühlt sich wie in ein Astwerk aus Ranken versetzt, das sich emporschlängelt und Blätter austreibt. Dargestellt ist der Stammbaum Christi, während die freien Wandfelder dem Leben Mariens gewidmet sind. Ebenfalls interessant sind die Benediktus- und Kreuz-

Der heilige Augustinus, Fresko aus der Mitte des 12. Jahrhunderts.

In der Krypta befindet sich das Felsengrab der heiligen Erentrudis. Das Netzrippengewöbe über den 18 Säulen stammt aus spätgotischer Zeit, das Mauerwerk ist romanischen Ursprungs.

kapelle, wie auch die Johanneskapelle mit einem Flügelaltar aus der Zeit um 1500. Das Stiftsmuseum zeigt einige spätgotische Flügelaltäre sowie besondere Kostbarkeiten der mittelalterlichen Gold- und Silberschmiedekunst, aber auch der Textilerzeugung und Malerei.

Nach wie vor erfüllt der Geist des heiligen Benedikt diesen wunderbaren Ort der Stille, der den hier lebenden Ordensschwestern strenge Klausur gebietet. Gastfreundschaft und die Pflege der Landwirtschaft sowie das Gebet und Feier der Liturgie zählen zu den vornehmen Aufgaben der Frauen, die sich ganz dem *Ora et labora et lege!* („Bete und arbeite und lies!") verschrieben haben.

Benediktinerstift
OSSIACH
Das Kloster am See

Malerisch am Ufer des Ossiacher Sees gelegen, ist das ehemalige Stift Ossiach das älteste Benediktinerkloster Kärntens. Leider hat es den josephinischen Klostersturm nicht überlebt, der Geist des abendländischen Mönchtums wird an diesem Ort dennoch in besonderer Weise spürbar. Viele bildliche Darstellungen erinnern an das ehemals pulsierende Leben hinter den Ossiacher Klostermauern.

Der Legende nach starb hier einer der großen Gegner von Kaiser Heinrich IV., der Polenkönig Boleslav II. (1058–1080), genannt der Kühne (*Śmiały*). Als stummer Büßer soll der Eroberer von Kiew unerkannt im Stift seinen Lebensabend verbracht haben. Das Grabmal des Königs an der Nordseite der Kirche war einst eine von Pilgern gerne aufgesuchte Wallfahrtsstätte. Ein Kuriosum ist auch, dass man bereits im Oktober 1689 mit Glanz und Glorie das 1000-jährige Bestehen des Hauses gefeiert hat! Obwohl aus keiner Urkunde und keinem Schriftstück tatsächlich die Gründung des Klosters mit 689 belegt werden kann, beruft sich die Schrift *Annus Millesimus* auf einen Briefwechsel zwischen dem Adeligen Ozzius und dessen Sohn Poppo im 11. Jahrhundert, aus dem sich dieses Gründungsjahr ergeben würde. Der Verfasser dieser Abhandlung, der damalige Prior des Klosters, P. Josephus Wallner, stützte sich dabei auf eine Schenkungsurkunde vom 9. September 878, in ihr wird dem Stift *Otigas* (Öttingen) die Schenkung von Grundbesitz westlich des Ossiacher Sees bestätigt.

Zumindest verstand es der erwähnte Poppo als Patriarch von Aquileja, Ossiach zu einem Eigenkloster des Patriarchates zu machen,

bevor es 1279 wieder an die Salzburger Kirchenprovinz kam. Zahlreiche Stiftungen ließen den Besitz des Stiftes sehr rasch wachsen und brachten ihm hohes Ansehen. Die Zeit der Reformation ging zwar nicht spurlos an Ossiach vorüber, es war aber zu keinen entscheidenden Beeinträchtigungen gekommen. Schwer zu schaffen machte dem Stift allerdings der Türkensturm. Bei einem Überfall osmanischer Streifscharen wurden die Mönche fast bis auf den letzten Mönch getötet und nur langsam erholte sich das Kloster wieder von dieser furchtbaren Katastrophe. Unter Abt Wilhelm Schweitzer (1622–1628) wurde großzügig umgebaut. Auch seine Nachfolger waren um die Weiterführung der Bautätigkeit bemüht, so dass Ossiach schließlich eines

Die Wilhelm-Backhaus-Gedächtnis-Orgel, 18. Jh.

Linke Seite: Das älteste Kärntner Benediktinerstift: Noch spürt man den Geist abendländischen Mönchtums.

Der barocke Hochaltar der Stiftskirche zeigt die thronende Maria, flankiert von überlebensgroßen Figuren des hl. Benedikt und der hl. Scholastika.

der mächtigsten Stifte Kärntens wurde. Freilich trat es nie aus dem Schatten St. Pauls und Viktrings, aber der Kunstgeist der Mönche und das wissenschaftliche Engagement begründeten einen Ruf, der weit über die Landesgrenzen hinausreichte. Einige der Mitglieder des Ossiacher Konvents waren Professoren an der Universität zu Salzburg, andere traten als Historiker und Philosophen hervor. Nach der Auflösung im Jahre 1783 wurden die Bestände der Bibliothek, in der sich viele Werke des eigenen Skriptoriums befanden, einfach in den See geworfen oder nach Graz und Wien verschleppt. Die Klostergüter wurden in den Religionsfonds eingegliedert oder teilweise verschleudert. Nach 1816 wurden die Gebäude zweckentfremdet verwendet, u. a. befand sich hier ein Staatsgestüt (bis 1915). Seit 1995 ist Stift Ossiach im Besitz des Landes Kärnten.

Die erste Kirche in Ossiach findet schon im Jahre 1028 Erwähnung. Letzte Spuren dieses alten Gotteshauses lassen sich heute noch an der Außenmauer erkennen. Auch von der Grundform der heutigen Kirche kann man

Fresko von Josef Ferdinand Fromiller in der nordwestlichen Taufkapelle, um 1740.

Stift Ossiach in der 2. Hälfte des 17. Jahrhunderts. Illustration aus der „Topographia Archiducatus Carinthiae Modernae" des Johann Weichard Freiherrn von Valvasor, 1681.

noch auf den romanischen Bau schließen, der gotisiert und schließlich im Rokokostil umgestaltet wurde. Nördlich der Westempore hat sich die Taufkapelle aus dem 14. Jahrhundert erhalten, die einen kunstvollen Altar aus dem beginnenden 16. Jahrhundert birgt. Innen wirkt der außen sehr bescheiden anmutende Bau sehr heiter und großzügig. Die heitere Luftigkeit des Wessobrunner Stucks schafft ein sehr beschwingtes Raumgefühl, das durch Fresken des Kärntner Malers Josef Ferdinand Fromiller weiter unterstrichen wird. Der Stuck ist in seiner Qualität einmalig. Ähnliche Arbeiten finden sich nur im St. Veiter Rathaus und in den beiden Refektorien des Stiftes St. Paul im Lavanttal.

Der Hochaltar vom Ende des 17. Jahrhunderts zeigt im Zentrum die thronende Gottesmutter unter dem Baldachin, die von den überlebensgroßen Statuen des heiligen Benedikt und der heiligen Scholastika flankiert wird. Die Kanzel stammt aus dem Jahre 1725

und trägt kunstvolle Reliefs der Kirchenväter und Figuren der Evangelisten. Die Stiftskirche von Ossiach nimmt unter den Kirchen Kärntens eine besondere Stellung ein, da es kaum barocke Kirchen gibt. Kärnten ist wie kein zweites Bundesland reich an mittelalterlichen Bauwerken. Nach dem Versiegen des Goldabbaus verarmt das Land zu Beginn des 16. Jahrhunderts. Diesem Umstand ist es zu verdanken, dass sich in vielen Sakralbauten des Landes auch die ursprüngliche Ausstattung erhalten hat.

Von den ursprünglichen Stiftsbauten ist nur noch ein Geviert erhalten, das sich in seiner Architektur auf wenig Fassadenschmuck reduziert. Auch innen sind die Gebäude eher anspruchslos mit Ausnahme des Fürstensaals im ersten Stock des Westflügels. In gemalten Nischen sind in Lebensgröße 14 Habsburger zu sehen. Das Deckengemälde von Fromiller (1739/40) zeigt die Erbhuldigung der Stände vor Kaiser Karl VI.

Augustiner-Chorherrenstift
REICHERSBERG
Es lebe das Leben!

Stiftungen frommer Adeliger stellten oft die Grundlage für bedeutende Klosteranlagen dar. Im 11. Jahrhundert entschloss sich der Edle Wernher von Reichersberg seine Besitzungen zur Gründung eines Klosters zu stiften. 1084 kamen die ersten Chorherren und begannen ein Leben nach der Regel des hl. Augustinus. Als 1132 der berühmte Magister Gerhoch aus Rottenbuch als Propst eingesetzt wurde, begann die erste Blütezeit der Neugründung und verschaffte dem Kloster weit über die Landesgrenzen hinaus hohes Ansehen. Gerhoch war nicht nur Propst von Reichersberg, sondern nützte seinen Einfluss als bedeutender Theologe und Berater mehrerer Päpste, um das Stift auf eine solide wirtschaftliche Basis zu stellen. War es Wernher von Reichersberg, der das Fundament des Stiftes legte, so gelang es Propst Werner Thanecker schon als Rentmeister des Stiftes, einen Paradebetrieb zu errichten, der heute als gutes Beispiel für viele andere Klöster gelten kann. Die Verbindung von Traditionspflege und innovativer Wirtschaftsführung untermauert das Selbstverständnis und die Existenzberechtigung eines Klosters im 21. Jahrhundert.

Stift Reichersberg, seit dem Frieden von Teschen 1779 bei Österreich, erlebte aber nicht nur Glanzzeiten, sondern die Lage im Grenzland zwischen Bayern und Österreich bedeutete immer wieder auch Krieg: Vor allem die Bauernaufstände fügten den Gebäuden großen Schaden zu. 1624 wütete ein Brand, bei dem außer dem Archiv nichts gerettet werden konnte. Der Neubau schritt zügig voran und konnte selbst durch die Wirrnisse des Dreißigjährigen Krieges nicht verhindert werden. Das gesamte 17. Jahrhundert wurde an dem gewaltigen Gebäudekomplex gearbeitet. Schlossartige Trakte schmiegen sich an schön gestaltete Gärten und stehen so für das Lebensgefühl der barocken Epoche. Der Michaelsbrunnen von Thomas Schwanthaler dominiert den großen Hof, der vom Wirtschaftshof und der zweigeschossigen Hauptanlage eingeschlossen wird. Überhaupt klingt in den Gebäuden die Leichtigkeit barocker Lieblichkeit auf und vermittelt den Eindruck eines gewachsenen Ganzen. Im Südflügel ist der 1690 geschaffene Festsaal untergebracht. Die 1695 entstandene Decke des Münchner Künstlers Johann Abert zeigt die allegorische Darstellung der vier Elemen-

Das Kloster am Inn: Stift Reichersberg.

Linke Seite: Ein Spiegel barocken Lebensgefühls: die zweigeschossige Hauptanlage mit dem Michaelsbrunnen.

„Mit Freude leben!" ist das Motto von Stift Reichersberg – dazu gehören auch exquisite leibliche Genüsse: Beim fachmännischen Verkosten des stiftseigenen Käses.

te und die göttliche Vorsehung. An den Längswänden imponieren die Darstellungen antiker Imperatoren, während die Schmalseiten sich biblischen Themen verschrieben haben. Glanzstück des sogenannten Exerzitienflügels ist der bayerische Saal mit antik-mythologischen Fresken von Johann Nepomuk Schöpf aus dem Jahre 1771.

Im Südtrakt des Stiftes ist die beeindruckende Bibliothek untergebracht, die durch ein vorspringendes Marmorportal des Salzburger Meisters Jakob Mösel (1771) zugänglich ist. In 26 Bücherschränken werden 25.000 Bände aus allen Wissensgebieten und etwa 2.000 alte Urkunden, die älteste aus dem Jahre 1137, aufbewahrt. Die farbenfrohe Malerei ist wiederum ein Werk des Tiroler Meisters Schöpf aus dem Jahr 1771. Zentral wird der Ordensvater Augustinus als Bekämpfer der Irrlehren dargestellt, darüber findet sich das Symbol der Allwissenheit Gottes und links davon die Allegorie der Kirche;

rechts davon eine malerische Komposition rund um die Gründung des Klosters und die Ankunft der ersten Chorherren.

Im Verbindungsbereich zwischen Außen- und Innenhof liegt das reich freskierte Sommerrefektorium mit einem achtseitigen Vorraum, der von Carlo Antonio Carlone geschaffen wurde. Der meisterhafte Stuck entsprang der genialen schöpferischen Fantasie Giovanni Battista Carlones. Im Ostflügel des Kreuzganges ist ein kleines Museum untergebracht, das neben Plastiken aus der Gotik auch solche des Barockmeisters Schwanthaler zeigt. An der Nordostecke des großen Hofes befindet sich der Zugang zur Stiftskirche. Sie ist dem heiligen Michael geweiht und durch einen kleinen Vorraum mit Flachkuppel, die von Christian Winck 1778 bemalt wurde, zugänglich. Der einschiffige Bau wirkt trotz seiner einfachen Ausstattung edel. Schon in der Vorhalle wird der Besucher thematisch auf religiöse Inhalte einge-

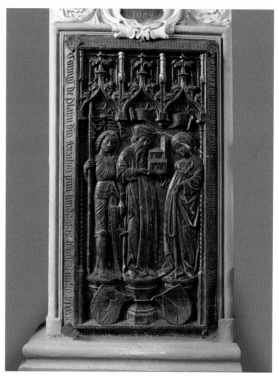

Schmuckinitialen und Rankenwerk in einem kostbaren Psalter der Stiftsbibliothek Reichersberg.

Der Grabstein des Stifters Wernher von Reichersberg in der Stiftskirche St. Michael.

stimmt, indem er mit Moses vor dem brennenden Dornbusch steht und zur Ehrfurcht aufgefordert wird, denn der Ort ist „heiliger Boden". Prachtvolle Rokokogitter geben den Blick auf die klare Architektur des Innenraumes frei. Das Langhaus erstreckt sich über vier Joche und weist einfache Tonnengewölbe mit Stichkappen auf. Der Chor ist eingezogen und endet in einem Rundbogenabschluss. Dezente Wandpilaster gliedern die Seitenwände und verleihen dem Innenraum klare Strukturen. Man mag von der Kleinheit des Raumes etwas überrascht sein, erlebt aber bei genauer Betrachtung die Großzügigkeit der Ausstattung, deren Ursprung in der epochalen Liebe zur Liturgie wiederzufinden ist. Die Deckenfresken sind hervorragende Beispiele süddeutscher Rokokomaler. Im vordersten Feld ist die Erscheinung des Erzengels Michael auf dem Berg Gargano in Süditalien zu sehen. Im zweiten Feld überreicht der hl. Augustinus seinen Chorherren die Regel. In den Zwickeln der mittleren Stichkappe erkennt man die Erzengel Michael und Raphael und bei der Orgelempore die vier lateinischen Kirchenlehrer Ambrosius, Augustinus, Gregor und Hieronymus. Auf dem Chorbogen erscheinen Petrus und Paulus. Das erste Fresko im Ostchor stellt sich in den Dienst der Verehrung des Namens Gottes, das zweite ist eine Hommage an König David. Links und rechts sind in Medaillons die vier Evangelisten abgebildet, während über dem Hochaltar die Allegorie der Kirche ins Blickfeld gerückt wird. Die Ausstattung der Kirche stammt fast durchwegs aus dem 18. Jahrhundert und ist von höchster Qualität.

„Mit Freude leben!" ist die Maxime des Konvents und tatsächlich: Stift Reichersberg ist den Menschen zugewandt, lädt ein in die Welt klösterlichen Lebens und versteht es den Bogen vom Gestern zum Heute zu spannen: Ein Bildungshaus und ein Wohnbereich für Gäste stehen bereit.

Zistersienserstift

REIN

Der Zisterzienser ältestes Kloster

Schon im 6. Jahrhundert siedelten die Slawen in der Gegend um Graz, in der sich heute das Stift Rein erhebt. Das fruchtbare Land und die klimatische Begünstigung der Region schufen einen idealen Lebensraum. Später war das Gebiet im Besitz der Eppensteiner, die über einen langen Zeitraum die Kärntner Herzöge stellten. Kunigunde von Eppenstein schenkte 1070 das Gut Rein dem Bischof von Brixen, der es im Tauschwege wiederum dem Stiefsohn Kunigundes Waldo übereignete. Waldo nannte sich nun „von Rein". Der Graf starb 1122 kinderlos und so fiel das Erbe an die Traungauer Grafen, die sich nach ihrer Burg Steyr nannten. Aus dieser Verbindung heraus wurde die Steiermark geboren.

Markgraf Leopold I. von Steyer (1122–1129) hatte offensichtlich schon beim Antritt seines Erbes den Gedanken gefasst ein Kloster zu gründen. Er wandte sich an Abt Adam von Ebrach, der ein Freund Bernhard von Clairvaux war, und erbat für seine Neugründung Zisterziensermönche. Die Besiedlung durch die fränkischen Mönche fand um 1130 statt. Den genauen Zeitpunkt wissen wir heute nicht mehr, da die Stiftungsurkunde unauffindbar ist. 1138 wurde die Stiftskirche geweiht, was darauf hindeutet, dass zu dieser Zeit das klösterliche Leben bereits florierte. Nimmt man an, dass Rein 1129 gegründet wurde, und zwar als 38. Kloster des Zisterzienserordens, so ist es heute das älteste bestehende Zisterzienserkloster der Welt, da die 37 vor Rein gegründeten Klöster im Lauf der Geschichte aufgelöst worden sind.

Im 12. Jahrhundert erlebte das Kloster in spiritueller und wirtschaftlicher Hinsicht bereits seine erste große Blüte. Die Mönche waren sehr fleißige Landwirte, die das Land bebauten und in den klösterlichen Werkstätten getreu der Regel des hl. Benedikt arbeiteten. In dieser Frühphase des Bestehens folgte man in Rein sehr streng und peinlich genau den zisterziensischen Traditionen. Einfachheit war dabei oberstes Gebot. Diese drückte sich nicht nur im Lebensstil des Konventes aus, sondern vor allem auch in der Bauform der Kirche, die jeglichen Schmucks entbehrte. 1192 erlosch das steirische Geschlecht der Otakare und wurde durch die Babenberger abgelöst. Auch diese waren dem Kloster sehr gewogen und sorgten für dessen Entwicklung. Die erste Krise erlebte Rein im 13. Jahrhundert durch das Aufkeimen der Bettelorden, die große Begeisterung entfachten, und den damit einsetzenden Personalmangel.

Dennoch scheint Rein in dieser Zeit sehr wagemutig gewesen zu sein, denn bis 1444

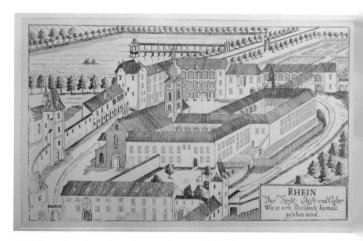

Stift Rein in einer Ansicht von Georg M. Vischer, 1681.

Linke Seite: Die Stiftskirche Mariä Himmelfahrt, errichtet 1737–1747 nach Plänen von Johann Georg Stengg.

entstanden drei Tochtergründungen (Sittich in Krain, Wilhering bei Linz und das Neukloster in Wiener Neustadt). Die Krisenzeit der Reformation ging auch an Rein nicht spurlos vorüber: Im 16. Jahrhundert war die Zahl der Mönche derart dezimiert, dass zeitweise nur mehr ein Konventuale im Kloster lebte. Diese Durststrecke dauerte mehrere Jahrzehnte, ehe zu Anfang des 17. Jahrhunderts ein neuer spiritueller und wirtschaftlicher Aufschwung einsetzte. 1640 war der Konvent wieder auf 60 Mitglieder angewachsen, die sich 1620 zur Wiederbesiedlung des aufgelösten Stiftes Schlierbach entschieden.

Wie an vielen anderen Orten auch brachte das Barock mit seinem neuen Lebensgeist Visionen und Pläne hervor, die man zwischen 1720 und 1771 umzusetzen versuchte. Die großartige Kirche ist heute noch Ausdruck dieser Aufbruchsstimmung. Im letzten Drittel des 18. Jahrhunderts entging das Stift Rein nur sehr knapp den josephinischen Klosteraufhebungen; von 1941 bis 1945 fiel das Klosterleben dem NS-Regime zum Opfer.

Die ursprüngliche romanische Pfeilerbasilika blieb bis zu Beginn des barocken Kirchenneubaus ab 1737 erhalten. Unter Abt Placidus Mailly erfolgte die radikale Erneuerung des Sakralbaus. Fast zehn Jahre baute man an diesem Gotteshaus, das heute zu den prachtvollsten barocken Kirchenräumen der Steiermark zählt. Die Pläne lieferte der Grazer Baumeister Johann Georg Stengg, der sich auch sehr umsichtig um den Bauverlauf kümmerte. Die Luftigkeit der Fassade verrät Vorbilder, die in Italien zu suchen sind. Kein Geringerer als der Maler Josef Adam Mölk wurde mit der Freskierung des Innenraumes beauftragt. Die Grandiosität des Werkes spricht für sich und weist Mölk als einen genialen Freskanten aus, der es ausgezeichnet verstand, Architektur und Malerei harmonisch verschmelzen zu lassen. Die Themen der ersten beiden Joche berühren die Ordenstradition: Benedikt in Subiaco und die Kreuzvision des hl. Bernhard. Das dritte Joch schildert den Tempelgang Mariens, während das vierte die Geschichte des ägyptischen

Elegant geschwungene Bücherregale: die Bibliothek mit dem Kalendertisch des Andreas Plenninger.

Kunstvolle Details: das geschnitzte Holzgitter zu einer Seitenkapelle.

Fügt sich harmonisch in den Kirchenraum ein: das prachtvolle barocke Chorgestühl, um 1750.

Josef aufgreift. Zwischen 1745 und 1750 entstanden die Seitenaltäre durch Johann Mathias Leitner und Hofmaler Joseph Amonte. Der Hochaltar ist eine Schöpfung des Grazer Bildhauers Jakob Payer, während das Hochaltarbild durch den letzten bedeutenden Barockmaler Österreichs Johann Martin Schmidt, genannt Kremser Schmidt, 1779 auf die Leinwand gebracht wurde.

Die Riege der in Stift Rein beschäftigten Künstler zog alle Register ihres Könnens. 1740 malte Joseph Amonte den zweigeschossigen Huldigungssaal aus und widmete seine Kunst der Allegorie von Gerechtigkeit und Frieden. Knapp vor seinem Tod (1753) schuf derselbe Künstler 12 Jahre später die Deckenausstattung des Kapitelsaales und ebenso jene der Bibliothek. Nach 1753 erfolgte die Verlegung der Bibliothek in den Nordtrakt. Heute beherbergt die Büchersammlung etwa 90.000 Bände, 300 Inkunabeln und 300 Handschriften und zählt damit zu den größten in Österreich. Besonders reizvoll ist in der Bibliothek der Kalendertisch des Andreas Plenninger (17. Jahrhundert), der auf Entwürfen des Astronomen Johannes Kepler basiert. Das Freskenprogramm bildet eine Synthese aus theologischer Auffassung und zeitgenössischem Kunstverständnis: Im Zentrum erscheint das Neue Testament als Erfüllung des Alten. Neben den theologischen Themen sind die Porträts österreichischer Herrscher zu sehen. Stift Rein besaß auch ein eigenes bedeutendes Skriptorium, dokumentiert wird dies durch das berühmte Reiner Musterbuch (*Cod. 507,* ÖNB, Wien) aus der ersten Hälfte des 13. Jahrhundert.

Das Sommerrefektorium schmückte Josef Adam Mölk mit seinen Malereien, die an der Schmalseite die Übergabe der Schlüssel an Petrus zeigen. Über den Türen sind die Allegorien der „Künste" zu sehen, ferner Vasen und Stillleben. An der Langseite beeindruckt das Paschamahl.

Nur wenige Kilometer von Graz entfernt ist Stift Rein zu einem Ausflugsziel geworden, das seinen Besuchern das ganze Jahr über neben den Stiftsführungen ein reichhaltiges kulturelles Programm bietet: Kirchenmusik, Konzerte und Ausstellungen laden ein; bei Führungen kann man bemerkenswerte Funde aus der Bronze-, Kupfer- und Römerzeit besichtigen. Attraktion ist etwa das *Necessarium,* die Klosettanlage des 12. Jahrhunderts, das bei Grabungen freigelegt werden konnte.

Augustiner-Chorherrenstift

ST. FLORIAN

Die Gottesburg an der Enns

Die barocke Vision einer riesigen Gottesburg schwebte vielen Kirchenfürsten des 17. und beginnenden 18. Jahrhunderts vor, konnte aber nur von wenigen tatsächlich umgesetzt werden. St. Florian ist eines der wenigen Klöster Österreichs, in denen die Pläne der Architekten nicht Stückwerk geblieben sind, sondern in ihrer ganzen Pracht zur Entfaltung gelangten. Schon um das Jahr 800 wird die Ruhestätte des hl. Florian erwähnt, an der sich schnell ein Kloster entwickelte. Immer wieder wurde es verwüstet und zerstört und trotzdem gaben die Mönche nicht auf und bauten neu.

Auf solider Basis stand die Klostergründung allerdings erst im 11. Jahrhundert, als der Passauer Bischof Altmann umfassende Reformen einführte und Augustiner Chorherren ansiedelte. Am Ende des 13. Jahrhunderts wurde die romanische Kirche durch eine gotische ersetzt; 1630, in den Wirren des Dreißigjährigen Krieges, wandelte man diese in ein barockes Gotteshaus um. Obwohl die Zeiten hart waren, blühten in St. Florian die Wissenschaften und wurden baulich herausragende Akzente gesetzt. Nach dem Sieg über die Türken 1683 in der Schlacht vor Wien entschloss sich Propst David Fuhrmann zum Neubau einer gewaltigen Klosteranlage. Er wählte den Italiener Carlo Carlone als Baumeister, der von 1686 bis 1708 Stiftsgebäude und Kirche errichtete. Die 204 Meter lange Westfront und das imposant über drei Geschosse reichende Portal entstanden zwischen 1708 und 1726 unter Jakob Prandtauer. Bis 1747 erfolgte schließlich die Vollendung der Anlage durch die Errichtung der Bibliothek. Durch eine Vorhalle, die zwischen zwei mächtigen Türmen liegt, betritt man den fantastischen Kirchenbau. Der Hochaltar zieht in seinen Bann. Aus rotem Salzburger Marmor durch Giovanni Battista Colomba (1683 bis 1690) erbaut, taucht er den Kirchenraum in ein einzigartiges Licht. Man hat den Eindruck einer riesigen Theaterkulisse, die durch die kleinen Logen der Oratorien angedeutet wird. Die raffinierte Scheinarchitektur steigert den virtuosen Raumeindruck und mündet in den farbenprächtigen Barockhimmel. Die Verwendung ausschließlich der Malerei als Deckendekor war für diese Zeit unüblich, erzeugte aber durchaus einen eigenen Reiz. Die Deckenmalereien wurden von den Münchner Malern Johann Anton Gumpp

Blick vom Treppenhaus auf die Sonnenuhr.

Linke Seite: Monumentale Gedenkstätte für einen Märtyrer: Stift St. Florian.

Feudales Interieur: der Audienzsaal mit Leuchter haltenden Pagen und Supraporten von I. Sattler.

Kuppel und der Apsis die Krönung Mariens im Himmel und Symbole für die Gottesmutter dargestellt. Für den Stuck zeichnete der Bruder des Baumeisters, Bartholomäo Carlone verantwortlich. Prachtvoll ist das Chorgestühl von Adam Franz aus dem Jahre 1690. Schweift der Blick im Kirchenraum nach hinten, so erscheint, die gesamte Rückwand dominierend, die berühmte Brucknerorgel, die zwischen 1770 und 1774 errichtet wurde und auf der Anton Bruckner als Stiftsorganist spielte.

Im Stiftshof steht der Adlerbrunnen (1757) aus Eggenburger Sandstein von Johann Jakob Sattler im Mittelpunkt. Luftig durchbrochen wirkt das Stiegenhaus, das in zwei Treppenläufen nach oben führt. Den gesamten zweiten Stock beanspruchen die so genannten Kaiserzimmer, die dem Besuch der Majestäten vorbehalten waren. In ihrer prachtvollen Ausstattung spiegeln die Zimmer das Wohngefühl des Barock wider. Die fantastischen Möbel und die Fußböden sind

und Johann Melchior Steindl ausgeführt. Über der Orgel ist die hl. Cäcilia umgeben von den himmlischen Chören zu sehen, gegen den Hochaltar zu werden in vier Bildern die Apotheose des hl. Florian und im Bereich der

Ein barockes Bücherparadies: der Hauptsaal der Bibliothek mit Fresken von Bartholomäo Altomonte, 1745–1751.

Der Mühlstein, mit dem der hl. Florian am 4. Mai 304 in der Enns ertränkt worden sein soll.

Die Kreuzigung Jesu Christi. Tafel des Sebastiansaltars von Albrecht Altdorfer, 1509–1518.

Arbeiten des Tischlermeisters Stefan Jegg. Die Zimmer sind erlesen ausgestattet und erhalten im Zusammenspiel von Stuck, Malerei und Mobiliar eine unverwechselbare Note. Besonders auffallend ist im Prinz-Eugen-Zimmer ein Prunkbett, das von Leonhard Sattler geschnitzt wurde. Vier türkische Halbfiguren tragen das Bettgestell, an dessen Fußende türkische Waffen zu sehen sind. Die großartige Sammlung von barocken Gemälden wird so durch ein Feuerwerk barocker Wohnkultur ergänzt. Zu den Höhepunkten gehören Werke der bedeutenden Künstlerfamilie Altomonte. Das Stiftsmuseum St. Florian beherbergt eine der umfassendsten klösterlichen Kunstkollektionen Österreichs. In der alten Galerie hängen bedeutende Werke der Donauschule, darunter befindet sich der Altar von Albrecht Altdorfer, der im Jahre 1509 vollendet war. Neben einer Vielfalt von kunsthandwerklichen Gegenständen wie Drechselarbeiten aus Elfenbein, feinsten Miniaturschnitzereien aus verschiedenen Materialien und liturgischen Gefäßen ist vor allem eine Sammlung von Uhren und astronomischen Geräten interessant.

Ein Deckengemälde Bartholomäo Altomontes aus dem Jahr 1774 überspannt die große Bibliothek. In einem ausgeklügelten Programm wird die Hochzeit zwischen Tugend und Wissenschaft beschworen – der Wissenschaft wird Entfaltung zugestanden, jedoch unterliegt diese moralischen Verpflichtungen. Heute beherbergt der barocke Büchersaal 130.000 Bände. Neben der Bibliothek kann der Marmorsaal mit 30 Metern Länge und 15 Metern Breite als einer der beeindruckendsten Räume des Klosters gelten. Die Architekturmalerei Ippolyto Sconzanis (1724) stellt den Triumph über die Türken und die Segnungen des Friedens dar, die Wände sind mit Kunstmarmor verkleidet, der von Franz Josef Holzinger stammt. Mächtige Säulen tragen das Gebälk des von beiden Seiten von Licht durchfluteten Raumes. Die großen Feldherrenbilder sind Schöpfungen Bartholomäo Altomontes.

Benediktinerstift

ST. PAUL IM LAVANTTAL

Schatzhaus im Reich der Klöster

Das günstige Klima und die strategisch optimale Lage machten das östlichste Tal Kärntens schon früh zu einem beliebten Siedlungsraum. Kelten und Römer wussten die Fruchtbarkeit der Erde und die vorhandenen Bodenschätze für ihre Zwecke zu nützen. Auf dem Hügel, der heute das Benediktinerstift St. Paul trägt, stand einst eine illyrische Burg, später ein römisches Kastell und schließlich eine mittelalterliche Festung, die dem bayrischen Adelgeschlecht der Aribonen gehörte. Durch geschickte Heiratspolitik gelangte die Burg schließlich in den Besitz der fränkischen Familie der Spanheimer, aus der später die Kärntner Herzöge hervorgingen. Im frühen Mittelalter war es Tradition und Sitte, dass bedeutende Adelige Klöster stifteten, um sich und ihren Nachkommen das ewige Seelenheil zu sichern. 1091 berief Graf Engelbert von Spanheim Benediktinermönche aus der berühmten Reformabtei Hirsau und übergab ihnen die Burg mitsamt weiten Ländereien in Kärnten und Steiermark zur Gründung eines Klosters. Die enge Verbindung zwischen den Mönchen St. Benedikts und den Spanheimern ist heute noch durch die Begräbnisstätte der Kärntner Herzöge in der Basilika der Abtei belegt. Neben den Spanheimern haben auch frühe Habsburger in der Gruft ihre letzte Ruhestätte gefunden. Unter ihnen Anna Gertrude von Hohenberg, die Stammmutter des für Österreich so bedeutenden Geschlechtes, und Leopold III., der 1386 in der Schlacht bei Sempach gegen die Schweizer Eidgenossen gefallen ist.

Das Gotteshaus zählt zu den bedeutendsten Schöpfungen mittelalterlicher Architektur in Österreich. Neben den Domen von Gurk und Seckau spielt die St. Pauler Stiftsbasilika in der österreichischen Kirchenlandschaft des ausgehenden 12. und beginnenden 13. Jahrhunderts eine zentrale Rolle. Zunächst ist es nahe liegend, die Wurzel der Baugeschichte im deutschen Hirsau zu suchen, allerdings wird bei genauerer Betrachtung eine Orientierung an der oberitalienischen Romanik immer deutlicher. Der Formenreichtum der Kapitelle beeindruckt einerseits durch die Vielfalt der fantastischen Formen, andererseits aber durch die Virtuosität der Steinmetzkunst. Je weiter sich der Besucher der Stiftskirche dem Altarraum nähert, umso üppiger wird der Formenreichtum der Ornamente. Der Grundriss beschreibt eine Kreuzform, der drei Rundapsiden aufgesetzt sind. Die Hauptapsis schließt den Altarraum ab

Das mächtige Klostergebäude von St. Paul im Lavanttal.

Linke Seite: Der grandiose Bibliothekssaal mit der Himmelsdarstellung von Wolfgang B. Veldner, 1683.

und ist mit reichen Fresken ausgestattet. An den Altarraum grenzt der so genannte *chorus maior*, der als typisches Stilelement der Hirsauer Romanik gilt. An den angeschlossenen *chorus minor* gliederte sich der Lettner, der in den zwanziger Jahren des 17. Jahrhunderts abgebrochen wurde. Ein Brand im 14. Jahrhundert veränderte das Aussehen entscheidend. Die zerstörte Holzdecke wurde durch ein gotische Kreuzrippengewölbe ersetzt, in dessen leere Gewölbefelder der berühmte Südtiroler Meister Michael Pacher seine Fresken malte. Ein weiteres herausragendes Werk der gotischen Wandmalerei stellt das Stifterfresko des Meisters Thomas von Villach dar. Das Werk, an das Ende des 15. Jahrhunderts zu datieren, gilt als eine der bemerkenswertesten bildnerischen Leistungen der Gotik in Kärnten.

Von der ursprünglichen Einrichtung der Basilika ist wenig vorhanden, lediglich einige Rudimente der um 1600 noch erwähnten gotischen Flügelaltäre sind im Stiftsmuseum zu sehen. Die gesamte Klosteranlage wird

Erinnert an lombardische Vorbilder: das Südportal der romanischen Basilika.

durch den mächtigen Sakralbau dominiert, dessen zwei Türme im Westen die Hauptfront flankieren. Zwei künstlerisch reizvolle Portale, ein frühgotisches im Westen und eines im

Das Stifterfresko des Meisters Thomas von Villach. Neben dem Stiftswappen links ist das Wappen Kärntens zu sehen.

76

Süden, das unter Abt Hieronymus Marchstaller aus Werkstücken des Lettners um 1620 zusammengefügt wurde und an lombardische Vorbilder erinnert, runden das Gesamtbild ab. Beeindruckend sind die vielfältigen figuralen Elemente, die den Fassadenschmuck zur künstlerischen Vollendung führen. An drei Seiten wird die Basilika von den barocken Klostergebäuden umschlossen, in denen sich neben den Lebensräumen der Benediktiner ein über die Grenzen das Landes hinaus bekanntes Stiftsmuseum befindet. Dieses birgt einen gewaltigen Schatz europäischen Kunstschaffens und spiegelt das Bemühen um künstlerische Ausdruckskraft mehrerer Epochen wider. Singuläre Stücke wie das Reichskreuz Rudolfs von Schwaben (das „Adelheidkreuz"), romanische Textilien, gotische Prunkkelche, kostbare Buchdeckel aus Romanik und Gotik, Edelsteinarbeiten sowie filigrane Schnitzereien des Mittelalters untermauern das besondere Prädikat der Abtei: „Schatzhaus Kärntens".

Der Spannungsbogen künstlerischer Kreativität reicht von diesen mittelalterlichen Pretiosen über das Kunsthandwerk der Renaissance bis hin zu fantastischen Kreationen der ausklingenden Barockzeit. Den unbestrittenen Höhepunkt eines St.-Paul-Besuches stellt die Begegnung mit der kostbaren Büchersammlung des Klosters dar, die nach der Nationalbibliothek als bedeutendste des Landes gilt. Neben dem *Ambrosius-Codex*, dem ältesten Buch des deutschen Sprachraumes aus dem beginnenden 5. Jahrhundert, und bemerkenswerten karolingischen Kapitularien stellt das erste Druckwerk von Johannes Gutenberg aus der Zeit um 1450, das *Missale speciale abbreviatum,* ein besonderes Glanzlicht dar. Der nahezu unerschöpfliche Fundus der klösterlichen Kunstsammlungen wird in jährlich wechselnden Sonderausstellungen einem breiten Publikum vor Augen geführt.

Im Inneren des Stifts ist man überrascht von der Großzügigkeit der Ausstattung. Prachtvolle frühbarocke Holzkassettendecken sind

Die Krönung Mariens, flankiert vom hl. Blasius und dem hl. Nikolaus. Kostbarer silbervergoldeter gotischer Buchdeckel, vermutlich aus Straßburg, Mitte 13. Jh.

an den Plafonds der Säle des ersten Stockes zu sehen, während die Gewölbe des ebenerdigen Bereiches gewölbt und mit fantastischen Stuckdekoren der Wessobrunner Werkstätten geschmückt sind. Die Vielfältigkeit der Gemäldegalerie ist beeindruckend und bietet einen Querschnitt durch die europäische Malerei. Namen wie Peter Paul Rubens, Anthonis van Dyck und Rembrandt sind ebenso zu finden wie solche der großen deutschsprachigen Künstler Albrecht Dürer oder Johann Martin Schmidt, genannt der Kremser Schmidt.

Im Süden schließt sich an das Kloster der Meierhof mit dem großen Stiftsgarten und dessen beiden entzückenden Gartenstöckln an. Im Westen sind die beiden gewaltigen Schulbauten zu sehen, die den Ruf des Stiftes St. Paul als herausragende Bildungsstätte unterstreichen.

Erzabtei

ST. PETER IN SALZBURG

Des Bischofs erste Residenz

Malerisch ist der Blick vom Mönchsberg auf die Dachlandschaft der Stadt Salzburg. In den vielen Kuppeln und Türmen spiegeln sich die letzten Strahlen der Abendsonne, bevor das Abendlicht lange Schatten auf die weiten Plätze der ehemaligen fürsterzbischöflichen Stadt wirft. Vor dem geistigen Auge ersteht eine längst vergangene Zeit, man erinnert sich an die Tage Wolf Dietrichs von Raitenau und an Mozart ...

Auch das älteste Kloster der Stadt an der Salzach, die Erzabtei St. Peter, die um 700 gegründet wurde, konnte sich dem Charme der barocken Stilepoche nicht entziehen. Äußerlich sehr der Leichtigkeit des Rokoko zugetan, finden sich doch im Inneren bemerkenswerte Stilelemente mittelalterlicher Architektur. Der Salzburger Boden ist schon sehr früh Siedlungsgebiet gewesen, denn bereits die Kelten siedelten hier, und dann errichteten die Römer eine bedeutende Stadt, die sie *Juvavum* nannten. Ab 739 ist Salzburg eigener Bischofsitz und 767 wird mit dem Bau des ersten Domes begonnen. Das ist auch jenes Datum, das Bistum und Abtei voneinander zu trennen beginnt. Schon in der Frühzeit des Klosters entfaltet sich eine rege Bildungstätigkeit, die ihren Ausdruck in der Gründung einer Schreibstube und einer eigenen Lateinschule findet. Um 1110 kommt es zur endgültigen Trennung zwischen Kloster und Dom, indem der Salzburger Erzbischof seinen eigenen Residenzpalast bezieht und St. Peter den Mönchen zur Verwaltung übergibt. Die Erweiterung des Bildungsbereiches der Benediktinerabtei führt in der Gründung der Universität 1622 zum Höhepunkt. Benediktiner aus dem gesamten deutschen Sprachraum bilden das Lehrpersonal der weithin anerkannten theologischen Fakultät. Heute stellt die Erzabtei St. Peter einen bedeutenden Wirtschaftsfaktor innerhalb der Stadt dar und ist neben dem Dom der kirchliche Mittelpunkt. Mehrere Höfe gliedern sich heute um die imposante Stiftskirche. Rechts neben dem Hauptportal der Klosterkirche betritt man den berühmten Peters-

Der Turm der Stiftskirche St. Peter mit Hohensalzburg.

Begegnung mit ferner Vergangenheit: in den Katakomben am St. Petersfriedhof.

Kleinodien aus romanischer Zeit: Kommunionskelch und Patene, um 1160–1180.

friedhof, der 1627 in der heutigen Form entstand. In zahlreichen kleinen Kapellen sind Privatgrüfte untergebracht, die Mitglieder bekannter Salzburger Patrizierfamilien ber-

gen. Die bekanntesten Namen, die hier in Grabinschriften zu lesen sind, sind Johann Michael Haydn und Marianne „Nannerl" Mozart. Die Kreuzkapelle wurde 1170 errichtet und 1614 als Mausoleum des Salzburger Dompropstes Anton Graf von Lodron von Santino Solari umgestaltet. Berühmt sind die Höhlen im Mönchsberg, in die sich Mönche zum Gebet zurückgezogen haben. Durch ein reich profiliertes romanisches Portal betritt man das Innere der Abteikirche. Das Relief am Tympanon zeigt zentral Christus als Weltenherrscher, flankiert von den Kirchenpatronen Petrus und Paulus. Darunter spannt sich von einem Kapitell zum anderen ein Fries mit Weinranken.

Das Gotteshaus, das in drei Schiffe gegliedert ist, wird von einem zarten, in Grün gehaltenen Rokokostuck überzogen. Zunächst passiert man ein virtuoses Gittertor, das von der Meisterschaft der Schmiedekunst im 18. Jahrhundert zeugt – ein Werk des Salzburger

Ein Ort der Stille und der Besinnung: auf dem St. Petersfriedhof.

Hofschlossers Philipp Hinterseer (1768). Die Basilika wurde zwischen 1130 und 1143 errichtet und ursprünglich durch den Lettner in einem Mönchs- und in einen Volksbereich gegliedert. Das heutige Aussehen in seiner Grundform erhielt die Kirche unter Abt Martin Hattinger (1584–1615), der den Lettner abbrechen ließ. Wenig später erfolgten die Erhöhung der Decke und die Schaffung der Kuppel. In den 70er-Jahren des 18. Jahrhunderts veränderte sich der Raumeindruck noch einmal. Die Seitenwände, die ursprünglich durch den Obergaden für die Belichtung der Basilika sorgten, sind heute teils mit großflächigen Gemälden bedeckt. Die Deckenfresken, die das Leben des hl. Petrus thematisieren, stammen von Johann Baptist Weiß (1764). Das rechte Langbild an der Seitenwand, die Kreuztragung Christi von Kaspar Memberger (1591) wurde aus dem alten Dom nach St. Peter übertragen. Das linke zeigt die Kreuzerhöhung und ist eine Schöpfung Antonio Solaris (1632). Der gesamte Raum wird vom prachtvollen Hochaltar (1777/78) dominiert. Nach den Plänen von Lorenz Hörmbler ließ Steinmetz Johann Nepomuk Högler dieses großartige Werk entstehen. Das zentrale Altarblatt von Martin Johann Schmidt (genannt Kremser Schmidt) zeigt die „Fürbitte der hll. Apostel Petrus und Paulus und des hl. Benedikt vor Maria" und wird von den Statuen der Heiligen Amand, Vital, Virgil und Rupert flankiert. Unter der Kuppel stehend, wird der Blick des Betrachters nach oben gezogen und durch die Lichte überrascht.

Die Malereien zeigen die acht Seligkeiten und Engelsdarstellungen und sind ein Werk von Franz Xaver König aus dem Jahre 1758. Beeindruckend ist das Grab des hl. Rupert mit dem römischen Sarkophag und dem gotischen Grabstein um 1444. Dort, wo Rupert begraben liegt, brennt seit dem 12. Jahrhundert ständig ein Licht, das mit der Rupertuslegende in Verbindung steht und seinen Grund in einer düsteren Prophezeiung findet: „Wann mein Licht erlöscht, wird diese Stadt

Zarter Rokokostuck, Gemälde und Fresken: die Basilika St. Peter, dominiert vom prachtvollen Hochaltar.

verwüstet werden." 1620 entstand der prachtvolle Prospekt der Hauptorgel mit den Figuren der Heiligen Rupert, Petrus und Vitalis. Das Orgelwerk ist jünger als das Gehäuse und wurde von Johann Christoph Egedacher geschaffen. Hier führte Wolfgang Amadeus Mozart am 26. Oktober 1783 seine berühmte Messe in c-Moll erstmals auf.

Von den reichen Kunstsammlungen, die von einer umfassenden Bibliothek mit über 120.000 Bänden und zahlreichen wertvollen Codices über eine Kollektion beeindruckender Schöpfungen des Kunsthandwerkes bis hin zu einer prominenten Gemäldesammlung reichen, ist leider für den Besucher des Klosters kaum etwas zu sehen. Auch die Prunkräume des Stiftes sowie der Kreuzgang sind der Öffentlichkeit verschlossen.

Prämonstratenser-Chorherrenstift
SCHLÄGL
Beten und Brauen

Etwas versteckt im Mühlviertel in Oberösterreich liegt das Prämonstratenserstift Schlägl. Sein Name weist heute noch darauf hin, dass die Zisterziensermönche, die zu Beginn des 13. Jahrhunderts diese Gegend urbar machten, sich dichten Waldungen gegenüber sahen, die sie erst roden mussten, um hier ein Kloster zu errichten. Die Gründung Chalhochs von Falkenstein scheiterte allerdings an den schwierigen Bedingungen, denen die Mönche nicht gewachsen waren. Obwohl es zur Tradition des Zisterzienserordens gehört, schwierige Siedlungsräume für ihre Klöster zu wählen, waren die Anforderungen in dieser rauen Gegend doch zu hoch, so dass die Mönche wieder abzogen.

Im Jahre 1218 bemühte sich Chalhoch erneut um eine Gründung und berief diesmal Prämonstratenser aus Mühlhausen in Böhmen. Zunächst schienen auch für die Prämonstratenser die Bedingungen untragbar zu sein, denn neben ökologischen Problemen traten machtpolitische Schwierigkeiten zutage. In der ersten Zeit dürfte das Kloster ein Spielball zwischen dem Bischof von Passau und dem alten böhmischen Adelsgeschlecht der Witigonen gewesen sein. Erst unter dem zweiten Propst Heinrich I. (1242–1260) gelang es dem Kloster, zusehends an Autonomie zu gewinnen. In diese Zeit fällt auch der aufwändige Klosterneubau, der das einfache Holzkloster ablöste. Zahlreiche Gönner griffen den Chorherren durch großherzige Stiftungen unter die Arme, sodass sich nach und nach ein ansehnlicher Besitz anhäufte, der die wirtschaftliche Grundlage für eine Weiterexistenz des Stiftes darstellte. Unter Propst Andreas I. (1444–1481) setzte die

aktivste Bautätigkeit des Mittelalters ein und das Kloster erreichte jene Größe, die es heute noch besitzt. Probleme, die aus dem Machtstreben verschiedener Adeliger resultierten, die sich ständig in Klosterangelegenheiten einzumischen versuchten, konnte der Propst geschickt beilegen. Während dieser Zeit findet auch die erste Klosterbibliothek ihre Erwähnung. Trotz des wissenschaftlichen Fortschritts führte die Renaissance das Kloster an den Rand des Untergangs. Der Protestantismus erfasste das Mühlviertel und das Kloster geriet nach und nach in eine prekäre finanzielle Situation. Erst dem tüchtigen Propst Wenzel Zypser (1589–1608) ist es zu verdanken, dass sich ein Aufschwung abzeichnete, der ein neues Zeitalter für Schlägl einleitete. Neben baulichen Veränderungen konnte sich vor allem die klösterliche

Das „Böhmerwaldkloster": Stift Schlägl.

Linke Seite: Kunstwerke von der Donauschule bis zum Barock: die Gemäldegalerie von Stift Schlägl.

Disziplin konsolidieren. In dieser Zeit wird Oberösterreich vom schweren Bauernkrieg heimgesucht: Am 21. Oktober 1626 stürmten die aufständischen Bauern das Kloster und plünderten und raubten, was ihnen wertvoll erschien; das Gebäude brannte vollkommen nieder.

Seit diesem Unglücksjahr 1626 lenken Äbte das Geschick des Stiftes. Abt Martin III. Greyssing (1626–1665) erhielt das Privileg zum Tragen der Mitra. Zweifellos kann Abt Martin als der bedeutendste Abt der Geschichte des Klosters bezeichnet werden, denn ihm gelang es, das Kloster aus Schutt und Asche zu neuem Leben erstehen zu lassen. Mit der Zeit des Hochbarocks begann für Schlägl nicht nur eine bauintensive Phase, sondern vor allem eine grundlegende wirtschaftliche Sanierung des Klosters. Der Abt ließ eine Glashütte errichten und den krönenden Höhepunkt der Amtszeit Martins stellte die Erhebung zur Abtei (1657 – bisher hatte

Die Bibliothek von Stift Schlägl: offene Wandregale und eine kunstvoll gearbeitete umlaufende Galerie.

das Kloster nur den Status einer Propstei) durch das Generalkapitel von Premontré dar. Die Vermehrung des Stiftsbesitzes schuf die Basis für aufwändige Um- und Neubauten.

Von dieser Zeit zeugt vor allem der großzügige Kirchenbau, der beim Betreten durch seine reiche Ausstattung überrascht. Herrschaftlich wirkt schon das Portal, das 1654 vollendet war. Johann Spaz zeichnete für die Konzeption verantwortlich, die das Können barocker Architektur zum Höhepunkt führt. Der Kontrast der verwendeten Materialien (Adneter versus Untersberger Marmor) verleihen dem Kunstwerk eine eigene Note. Ebenso stilvoll präsentiert sich das Innere der Kirche, deren Bodenniveau in zweimal fünfzehn Stufen vom dunklen Langhaus bis zum Hochaltar ansteigt. Dadurch wird eine sehr interessante Raumstruktur geschaffen, die den Blick des Besuchers automatisch ins Zentrum führt.

Deutlich merkt man, dass die alten Mauern der ursprünglichen Kirche in den Neubau einbezogen wurden. Dadurch ergibt sich eine proportionale Verschiebung der beiden Seitenschiffe. Der hohe gotische Chor dominiert das Gotteshaus, dessen frühbarocke Ausstattung sich harmonisch einfügt. Die Kanzel schuf der Tiroler Johann Worath 1646/47, die Tischlerarbeiten sind Schöpfungen des Linzers David Stangl. Ein besonders beeindruckendes Kleinod der Stiftskirche stellt das Chorgestühl Georg Stängls aus Rohrbach (1735) dar, das in seiner künstlerischen Pracht unübertroffen ist. Obwohl es in der Literatur immer wieder als Rokokoarbeit bezeichnet wird, schwingen in ihm noch Stilelemente aus der Spätrenaissance nach. Majestätisch thront die frühbarocke Orgel (1634) auf der Empore und rundet den Gesamteindruck nach hinten ab. Obwohl die vielen barocken Ausstattungselemente sehr schwer wirken, bleibt der mittelalterliche Charakter des Inneren doch erhalten. Unter dem Presbyterium befindet sich eine Krypta. Das Zentrum des kleinen Raumes, der als ältester Teil der Klosteranlage gilt, bildet ein

Frühbarockes Gotteshaus: Die Stiftskirche Mariae Himmelfahrt erhielt nach der Katastrophe von 1626 ihre heutige reiche Ausstattung.

achteckiger Pfeiler mit einem romanischen Knospenkapitell. Im Osten folgt der schmucklose Unterbau des gotischen Chores, während sich im Westen die Gruft befindet.

Neben der Stiftskirche beeindruckt vor allem die Bibliothek. Ein eigener Bücherraum wurde erst am Ende des 15. Jahrhunderts geschaffen. Die heutige Klosterbibliothek stammt allerdings erst aus den 20er-Jahren des 19. Jahrhunderts. Etwa 60.000 Bände bilden den Bestand, wovon 263 Handschriften und 390 Wiegendrucke sind. Unter den Frühdrucken befindet sich auch der älteste Druck Oberösterreichs (um 1463). Neben der Büchersammlung ist vor allem die Sammlung von bedeutenden Gemälden interessant. Große Namen wie Albrecht Altdorfer, Michael Wohlgemut, David Teniers, Girodano Luca, Martino und Bartholomäo Altomonte sind ebenso vertreten wie Paolo Veronese und der Kremser Schmidt.

Neben seiner künstlerischen Präsenz ist Stift Schlägl heute wegen seines ausgezeichneten Biers bekannt; der Ursprung der Brautradition geht urkundlich belegt auf das Jahr 1580 zurück, tatsächlich dürfte der frisch-herbe Gerstensaft hier schon viel früher eine Heimstatt gefunden haben.

Benediktinerabtei
SECKAU
Der Dom im Gebirge

Wie viele andere Klöster besitzt auch die ost-steirische Benediktinerabtei Seckau eine fantasievolle Gründungslegende. Sie erzählt davon, dass ein gewisser Adalram von Waldeck einen Traum hatte, in dem ihm die Muttergottes gebot das Land zu roden und ein Kloster zu gründen. 1140 sei so das Augustiner-Chorherrenkloster entstanden, zehn Jahre später jenes der Chorfrauen.

Historisch ist diese Legende allerdings nicht haltbar, denn wie aus Urkunden belegbar ist, wurde die Gründung Adalrams erst von Feistritz bei Knittelfeld an den Standort des heutigen Klosters übersiedelt. Die etymologische Deutung des Namens Seckau ist wohl im Umstand zu suchen, dass das Land erst urbar gemacht werden musste. Der slawische Ausdruck *zegova* („roden") führte schließlich zum deutschen Begriff Seckau. Neben den großen romanischen Basiliken Österreichs in Gurk und St. Paul reiht sich Seckau als dritter Monumentalbau in die Riege großartigen mittelalterlichen Architekturschaffens. 1164 wurde die dreischiffige Abteikirche durch Bischof Hartmann von Brixen geweiht. Kräftige Würfelkapitelle schließen Säulen und Halbsäulen nach oben ab und bilden die Basis für mächtige Bögen, auf denen der Obergaden ruht. 1259 kam es im Gefolge des Salzburger Bischofstreites zu einem Brand, der einen Teil der imposanten Anlage vernichtete. Im 14. Jahrhundert wurde Seckau ein Zentrum der Bildungsreform und der religiösen Erneuerung. Bemerkenswerte Werke der Buchmalerei entstanden, die das Seckauer Skriptorium weithin bekannt machten. Obwohl sich im Inneren der Basilika der romanische Eindruck weitgehend erhalten

hat, strebte man doch in der Zeit der Gotik nach Erneuerung, die sich in dem bis etwa 1500 geschaffenen Netzrippengewölbes ausdrückt. Bemerkenswert ist die schlichte Kreuzigungsgruppe, ein im 12. Jahrhundert entstandenes Figurenensemble, das eigentlich für den Lettner bestimmt war. Der Korpus des Gekreuzigten lässt in seiner Gestaltung bereits gotische Formen anklingen. Der ursprünglich zu dieser Gruppe gehörige Christus befindet sich heute in Innsbruck und wurde durch eine spätere, etwa 60 Jahre jüngere Skulptur ersetzt. Seit 1964 nimmt die Kreuzigungsgruppe ihren heutigen Platz ein und unterstreicht durch ihre starke Raum-

Die Engelkapelle mit Fresken von Herbert Boeckl.
Linke Seite: Blick aus dem Kreuzganghof (1588) auf die Türme der romanischen Basilika.

präsenz die mystische Wirkung des Kirchenschiffes. Durch die Wirkung des hochgezogenen Fensters in der Hauptapsis erscheint der Gekreuzigte bei günstigen Lichtverhältnissen beinahe transzendent. Dieses Bild schafft es, das Gefühl zu nähren, dass aus dem Leidenden am Kreuz der siegreich Auferstandene wird. Durch dieses Spiel von Licht und Form erhält der schwere Charakter der sakralen Architektur das hoffnungsstarke Element der Lebendigkeit.

Im Bereich der Kirche befinden sich auch einige herausragende Beispiele gotischer Plastik. Ein Vesperbild (Pietà) ist ein besonders gelungenes Beispiel für mittelalterliche Schnitzkunst. Diese Pietà entstand um 1400 und zeigt Maria mit ihrem toten Sohn im Arm. Die dramatisch gestalteten Wundmale lassen die Tragik dieses Geschehens erahnen. Typisch für die Gestaltung dieser Vesperbilder ist die relativ statische Haltung der Figuren, die in manchen Bereichen fast rechtwinkelig zueinander stehen. Teile eines gotischen Flügelaltares wurden in den Kreuzaltar integriert, der aus dem 16. Jahrhundert stammt und bereits typische Merkmale der Renaissance aufweist. Im Mittelteil wird die Kreuzigung Christi dargestellt, die von den Salzburger Heiligen Rupert und Virgil flankiert wird. Eine weitere bemerkenswerte Schöpfung der Gotik ist die Darstellung der Gottesmutter mit Kind, an deren Seite Katharina und Jakobus zu sehen sind. In der Kirche beeindruckt ein Freskenzyklus aus dem 13. Jahrhundert, der Themen aus dem Leben des hl. Johannes des Täufers aufgreift. Die Einzelbilder, die um 1280 entstanden, erzählen eine ganze Geschichte und dienen, wie es in dieser Zeit üblich war, der bildlichen Dokumentation biblischer Texte.

Ebenfalls aus dem Mittelalter stammt die kleine freskengeschmückte Bischofskapelle. Durch seine Transparenz besticht der Dreifaltigkeitsaltar, der im Zentralmedaillon die geschnitzte Figurengruppe der Marienkrönung birgt. Im hohen Gesprenge sind Adam, Noah, Abraham, Josua und Samuel als Vertreter des Stammbaumes Christi, vier alttestamentliche Könige sowie Petrus, Paulus, Johannes der Täufer und der Evangelist Johannes als Vertreter des Neuen Testamentes zu sehen. Der bedeutende Reformbischof Martin Brenner ließ die Kapelle 1590 zur Gedenkstätte der Seckauer Bischöfe umgestalten und stattete sie mit Freskenporträts seiner Vorgänger aus. Ebenso aus der Gotik stammen die Glasfenster der Gnadenkapelle, die die Legende des hl. Albanus erzählen.

Sehr unterschiedliche Stilepochen scheinen in Seckau einen Ort gefunden zu haben, wo sie sich harmonisch unter einem Dach vereinen. Als bedeutendste Schöpfung der Renaissance mag der große mehrstöckige Klosterhof gelten, in dem sich weite Arkadengänge öffnen. Er zählt zu den bedeutendsten Höfen dieser Stilepoche in der Steiermark. Frühbarock und Renaissance gehen ineinander über im Grabmal Erzherzog Karls II. von Innerösterreich, der sich in der Seckauer Basilika ein Mausoleum errichten ließ. Hier liegt er gemeinsam mit seiner Frau Maria von Wittelsbach begraben.

Ursprünglich schmiegte sich an die Bischofskirche ein gotischer Kreuzgang, der allerdings beim Großbrand 1259 vollständig vernichtet wurde. Bernhard de Silva baute im Stil der Renaissance einen neuen Kreuzgang, der heute Ruhepol der klösterlichen Gebäude ist. Aus der Zeit des Hochbarocks stammt der schlichte und zugleich doch beeindruckende Huldigungssaal, der 1620 unter Dompropst Antonio de Potiis erbaut wurde. Seine Decke greift die Form einer spätrenaissancezeitlichen Kassettendecke auf, ist allerdings aus Stuckwerk gearbeitet – die Felder blieben unbemalt. Einen zeitgenössischen Akzent setzte der Künstler Herbert Boeckl zwischen 1952 und 1960 durch die so genannte „Engelkapelle". Das letzte Buch der Bibel, die „Offenbarung des Johannes", lieferte die Themen für die dramaturgische Gestaltung der Malerei. Ebenso wird der Gedanke der Moderne in der 1991 gestalteten Meditationskapelle spürbar.

Die dreischiffige Seckauer Basilika behielt trotz vieler Umbauten ihren wuchtigen romanischen Charakter.

VORAU

Teufelssturz und Himmelsfreuden

Die Silhouette des Stiftes Vorau mit ihren vielen Türmen, idyllisch eingebettet in die herrliche Landschaft des steirischen Jogllandes, ist beeindruckend. Kein anderes Kloster Österreichs verfügt über eine derart spannende Dachlandschaft wie Vorau. Die Anfänge des mächtigen Stiftes gehen auf Markgraf Otokar III. zurück, der aus Dankbarkeit über die Geburt eines Erben dem Erzbischof von Salzburg (Eberhard I.) weite Ländereien zur Errichtung eines regulierten Chorherrenstiftes schenkte. Der Stifter dürfte sich offensichtlich um ein gutes Gedeihen seiner Stiftung sehr intensiv bemüht haben, denn das Kloster gedieh und erlangte schnell einen guten Ruf, der weit über die Region hinausreichte. Jäh wurde diese Blüte durch einen gewaltigen Brand unterbrochen, der 1237 fast alle zum Kloster gehörenden Bauten vernichtete. Der Wiederaufbau gestaltete sich nicht einfach. Raubritter, die in der Gegend ihr Unwesen trieben, fügten dem Stift immer wieder erhebliche Schäden zu. Schließlich gelang es erst unter den Pröpsten Andreas von Pranpeck (1433–1453) und Leonhard von Horn (1453–1493) neue Wege zu erschließen und dem Kloster zu hohem Ansehen zu verhelfen. Die drohende Türkengefahr unterstützte das Bestreben, das Kloster zu befestigen. Die Zeit des 16. Jahrhunderts trieb das Stift immer mehr in eine wirtschaftliche Krise, die bedingt durch Kriegsabgaben zu einer Dezimierung des Besitzes und einer daraus resultierenden wirtschaftlichen Katastrophe Führten. Auch die personelle Situation der Chorherren war triste, 1542 war der Konvent auf ein einziges Mitglied geschrumpft! Erst durch die katholische Reform des Seckauer

Bischofs Martin Brenner wurde ein neuer Aufschwung eingeleitet, der am Beginn des 18. Jahrhunderts seinen Höhepunkt erreichte. In die Zeit der beiden Pröpste Leisl (1691–1717) und Webersberg (1717–1736) fällt auch der Ausbau des Klosters, der Stift Vorau zu einem der bedeutendsten Barockdenkmäler des Landes werden ließ.

Nach dem Vorbild der Seckauer Kirche ließ Propst Liutpold (1163–1185) eine dreischiffige Pfeilerbasilika errichten, die jene Kirche ablöste, die 1149 durch Bischof Roman von Gurk geweiht wurde. Beim großen Brand von

Barocke Opulenz: die Stiftskirche zum heiligen Thomas.

Linke Seite: Klosterfrieden im steirischen Joglland: Stift Vorau.

1237 wurde der romanische Bau vernichtet und durch eine gotische Kirche ersetzt, die erst gegen Ende des 13. Jahrhunderts vollendet wurde. Weil dieser gotische Bau dem Zeitgeschmack des Barocks nicht mehr entsprach, erfolgte in der Zeit zwischen 1660 und 1662 der Bau der dritten Kirche nach Plänen des Schweizer Baumeisters Domenico Scassia. Erweiterungen und Umbauten ließen schließlich das heutige Bauwerk, eine einschiffige Hallenkirche mit leicht erhöhtem Chor entstehen. In der Ausstattung der Decke verzichtete man gänzlich auf Stuckaturen und wählte ab 1700 die Freskomalerei flächendeckend. Vier verschiedene Künstler zeichneten für diesen überreichen Freskenschmuck verantwortlich: Zwischen 1700 und 1705 statteten der Wiener Maler Karl Ritsch und Josef Grafenstein das Kirchenschiff mit Malereien aus, Johann Kaspar Waginer gestaltete die Vorhalle und Karl Unterhuber übernahm die Freskierung des Betchores, die er 1750 abschloss. Drei Themenkreise widmen sich dem Thema: Christus als Erlöser der Welt. Über den Seitenkapellen öffnen sich Emporen, die der Kirche Weite und den Seitenwänden eine lockere Struktur verleiht.

Ein besonders herausragendes Werk barocken Kunstschaffens ist der Hochaltar, der zwischen 1701 und 1704 nach Plänen von Matthäus Steinl errichtet wurde. Zentral ist die vollplastische Apostelgruppe vor dem leeren Sarg der Gottesmutter zu sehen, darüber zeigt das Hochaltarbild von Antonio Belucci die Himmelfahrt Mariens. Figurenreich klingt der Hochaltar noch oben aus und mündet harmonisch in die Malereien der Decke. Berühmt sind die Malereien in der Sakristei, die der heimische Künstler Johann Cyriak Hackhofer schuf. An der Decke öffnet sich der Himmel für die grandiose Darstellung des Jüngsten Gerichtes. Christus thront auf dem Regenbogen, während sich rundherum radial die Heiligen des Alten und Neuen Testamentes sowie das Heer der Engel scharen. An der Westwand erschüttert das kraftvolle Werk „Höllensturz", das in dramatischen Bildern

Einer der schönsten Barockräume der Steiermark: Der 24 Meter la[...]

den Untergang der Frevler und Sünder zeigt. Umgeben von Flammen sind teuflische Gestalten zu sehen, die den „Verlorenen" furchtbare Qualen bereiten. Dazwischen sind die allegorischen Gestalten der menschlichen Laster zu sehen: Neid, Geiz, Unzucht, Eitelkeit, Trunksucht ...

Ebenso bemerkenswert ist die Bibliothek des Stiftes, die zu den schönsten Räumen der Barockzeit in der Steiermark zählt. Der Saal, der durch seine prachtvollen Bücherregale bestimmt wird, ist sowohl an den Wänden als auch an der Decke vollkommen mit Stuckatu-

...ptsaal der Bibliothek von Stift Vorau ist Heimstatt von 17.000 kostbaren Büchern.

ren bedeckt. Johannes Maria Bistoli ist der geniale Schöpfer dieser grazilen Meisterwerke, die die Flächigkeit der Wände und Decke raffiniert auflösen und dem Besucher nahezu das Gefühl vermitteln, inmitten eines dichten Waldes von Rankenwerk zu stehen. In die Stuckaturen fügen sich harmonisch die Fresken des Hackhofer-Schülers Ignaz Gottlieb Gröll, der die Malereien 1731 geschaffen hatte. In drei großen Darstellungen an der Decke sind symbolisch die drei in der Büchersammlung vorkommenden Wissensgebiete dargestellt: die Philosophie, die Theologie und die Juristerei. Wesentlich jünger sind die Bücherregale, die 1767 durch den Vorauer Tischler Johann Georg Steiner aufgestellt wurden. In ihnen spiegelt sich die Heiterkeit der Decken und Malereien und sie verbinden schließlich die einzelnen Elemente des Raumes zu einem harmonischen Ganzen. Heute befinden sich in der Bilbliothek ca. 50.000 Bände, dazu etwa 206 Frühdrucke und 415 wertvolle mittelalterliche Handschriften. Bemerkenswert sind die beiden Globen – der Erd- und der Himmelsglobus von Vincenzo Coronelli aus Venedig.

Benediktinerabtei Unserer Lieben Frau zu den Schotten

SCHOTTENSTIFT WIEN

Ruhepol im Stadtgetümmel

Als Oase der Stille definiert sich das Schottenstift im Zentrum der pulsierenden Weltstadt Wien. 1155 begannen die ersten iroschottischen Mönche, *scoti* genannt, die aus dem St.-Jakobs-Kloster in Regensburg kamen, das klösterliche Leben in der neuen Residenz der Babenberger. Herzog Heinrich II. Jasomirgott folgte so dem Vorbild vieler Landesfürsten, die Klöster gründeten, um sich und ihrer Familie einen würdigen Begräbnisplatz zu sichern. Bei Tod des Herzogs 1177 war die Kirche noch nicht vollendet und es sollte noch 23 Jahre dauern, ehe die Klosteranlage durch den Passauer Bischof Wolfger von Ellenbrechtskirchen geweiht werden konnte. Aus alten Ansichten ist überliefert, wie diese Abtei ausgesehen hat: Die dreischiffige romanische Pfeilerbasilika besaß eine Apsis und einen Vierungsturm. In ihren Ausmaßen war die Basilika wahrhaft monumental und übertraf die heutige Kirche in ihrer Länge um etwa 25 Meter. Unter Herzog Albrecht V. (1404–1439) kam es zu einem Zerwürfnis mit „den Schotten", da diese sich weigerten, auch Mönche anderer Nationalität in ihren Reihen aufzunehmen – schließlich kehrten sie geschlossen in ihre alte Heimat zurück. 1418 kamen Benediktiner aus Melk und begannen neuerlich mit einem Leben nach den Regeln des hl. Benedikt. Während dieser Zeit fanden einige Umbauten statt, ebenso stammt aus dieser Zeit der berühmte „Schottenmeisteraltar", der heute in einem eigenen Raum des Museums zu bewundern ist. Unter anderem zeigt dieser bedeutende gotische Flügelaltar, der aus insgesamt 24 Tafeln besteht und wohl im gotischen Chor der Schottenkirche aufgestellt

werden sollte, die älteste Ansicht der Stadt Wien.

Nach vielen historischen Rückschlägen begann man schließlich in der ersten Hälfte des 17. Jahrhunderts mit einem großangelegten Umbau, während dessen die völlige Neugestaltung der Kirche anzusiedeln ist. Die Zweite Türkenbelagerung Wiens 1683 brachte für das Kloster eine düstere Zeit: Durch die Nähe zur Stadtmauer gefährdeten die Kampfhandlungen die Baulichkeiten und nur mit größter Mühe konnte eine Zerstörung der Abtei verhindert werden. Unter Abt Carl Fetzer (1705–1750) stellte die Schottenabtei das bedeutendste geistliche und geistige Zentrum der Stadt dar und konnte in dieser Bedeutung auch den josephinischen Klostersturm überdauern. 1827 begann man nach

Kloster im Herzen Wiens: das Schottenstift.

Linke Seite: Klassisches Biedermeier: das Vestibül, von Josef Kornhäusel 1827–1832 umgestaltet.

Das gotische Tafelgemälde „Die Flucht nach Ägypten" (Mitte 15. Jh.) präsentiert die erste Ansicht Wiens.

DIE SCHÖNSTEN KLÖSTER ÖSTERREICHS

den Plänen des berühmten Biedermeierarchitekten Josef Kornhäusel mit der Schleifung der mittelalterlichen Gebäude und dem Errichten einer „modernen" Anlage. Die Benediktiner des Schottenstiftes stellten immer wieder Professoren an der Universität zu Wien und führen eines der renommiertesten Privatgymnasien Österreichs.

Im Dreißigjährigen Krieg, zwischen 1638 und 1648, wurde die Kirche nach dem Einsturz des romanischen Vierungsturmes zu einer barocken Wandpfeilerkirche umgebaut. Federführend waren die Architekten Marco Spazio, Andrea d'Allio und Sylvester Carlone. Nach dem Brand von 1683 folgte eine neuerliche Umgestaltung und schließlich am Ende der 80er-Jahre des 19. Jahrhunderts eine Generalsanierung, bei der die Kirche 1883 einen neuen Hochaltar (Heinrich von Ferstel) erhielt. Einige Werke Joachim Sandrarts (um 1696) sind ausgezeichnete Beispiele barocker Altarmalerei. Auf der rechten Seite des Altarraumes gelangt man zur Sakramentskapelle, die heute die älteste Gnadenstatue Wiens (1230) birgt. Dieses Gnadenbild gab auch der Abtei ihren Namen: *Unsere Liebe Frau von den Schotten.*

In der beeindruckenden Gruft sind die Sarkophage des Klostergründers Heinrich II. Jasomirgott und seiner Frau Theodora zu sehen. Zu den bedeutenden Persönlichkeiten, die in der Schottenabtei bestattet sind, gehören auch Ernst Rüdiger Graf von Starhemberg, der Kommandant der Verteidiger Wiens während der Zweiten Türkenbelagerung 1683 und Paul Troger, einer der bedeutendsten und großartigsten Maler der Barockepoche.

Das Kloster an sich hat sehr städtischen Charakter angenommen. Kaum etwas erinnert an die traditionellen Gottesburgen. Auch innen wirken die stattlichen Gebäude, die mehrere Höfe umschließen, sehr weltlich. Weite Hallen und helle Gänge schließen sich zu einem Ensemble, das Biedermeierarchitektur in vollendeter Form repräsentiert. Dabei wird auf jeglichen baulichen Pomp zugunsten einer klaren Raumstruktur ver-

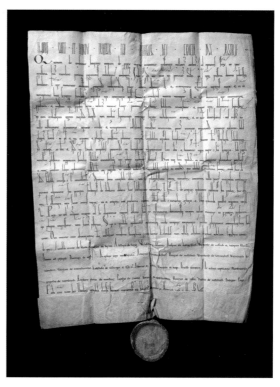

Die Stiftungsurkunde von Herzog Heinrich II. Jasomirgott aus dem Jahre 1156.

zichtet. Dem Termalstil fühlt sich der große Bibliothekssaal verpflichtet (um 1830), der eine bedeutende Büchersammlung aufnimmt. Etwa 150.000 Bände sind im Schottenkloster untergebracht, davon 740 Handschriften und 439 Frühdrücke, so genannte Inkunabeln. Der Raum reduziert das architektonische Element zu Gunsten der Wirkung des geschrieben Wortes. Fast sakral mutet der Innenraum an, der sogar die Form einer dreischiffigen Kirche mit Apsis annimmt. Durch die mächtigen Säulen erfährt der Raum eine glanzvolle Gliederung, die ihm eine antike Note verleiht.

Im Prälatensaal, der reich mit Stuck ausgestattet ist, befindet sich das ehemalige Hochaltarbild von Joachim Sandrart, das dieser 1696 geschaffen hatte. Über die neugeschaffene Klosterpforte (Freyung) betritt man das Stiftsmuseum, das einige großartige Kostbarkeiten der klösterlichen Sammlung zum Bestaunen darbietet.

Zisterzienserstift
WILHERING
Das verborgene Juwel

Wer in Österreich ein Feuerwerk des Rokoko erleben möchte, wird sich auf die Reise nach Linz begeben müssen, wo etwas versteckt in der Nähe der oberösterreichischen Hauptstadt das Stift Wilhering liegt. Wie viele andere Stifte Österreichs hat auch Wilhering seine Wurzeln in einem alten Adelssitz, der den Zisterziensermönchen für eine Neugründung zur Verfügung gestellt wurde. Im Mittelalter gehörte es fast zum guten Ton ein Kloster oder eine kirchliche Niederlassung zu gründen. Zum einen war wohl religiöse Pietät die Mutter des Gedankens – zum anderen vermutlich auch der „Konkurrenzdruck", der durch andere Adelsgeschlechter ausgeübt wurde.

1145 verlegten jedenfalls die Herren von Wilhering ihre Residenz auf die Burg Waxenberg und schenkten ihren alten Herrschaftssitz samt den dazugehörigen Ländereien dem Stift Rein. Die Verhältnisse müssen allerdings sehr triste gewesen sein, denn die Chronik weiß davon zu berichten, dass die Mönche aus Rein bald wieder fast vollzählig von dort wegzogen. Die Klostergründung drohte zu scheitern, als 1185 ein neuerlicher Versuch durch das Kloster Ebrach unternommen wurde, der schließlich erfolgreich war. Schon zehn Jahre später wurde mit dem Bau der Kirche begonnen. Von diesem 1195 errichteten Bau, der in etwa die Größe des heutigen Gotteshauses hatte, sind immerhin Reste des Portals und zwei Grabmäler erhalten. Nach den anfänglichen Problemen scheint das Kloster im Hochmittelalter geblüht zu haben, denn drei Gründungen lassen sich auf die Aktivitäten der Wilheringer Mönche zurückführen (1258 Hohenfurth, 1295 Engelszell

und 1334 Säusenstein). Keines dieser Klöster existiert heute als Zisterzienserniederlassung.

Wie viele andere Klöster, so hatte auch Wilhering mit den Auswirkungen der Reformation schwer zu kämpfen. Die Gedanken Martin Luthers hielten in die Klostermauern Einzug und 1544 kam das klösterliche Leben völlig zum Erliegen. Nun standen die Gebäude mehrere Jahrzehnte leer, ehe 1587 der bedeutende Geisteswissenschaftler und Theologe Alexander a Lacu (1550–1613, später Abt von Kremsmünster) als Benediktiner zum Abt von Wilhering bestellt wurde. Allerdings

Harmonisches Gesamtkunstwerk: Stift Wilhering.

Linke Seite: Ein Feuerwerk des Rokoko: die dreischiffige Stiftskirche Mariä Himmelfahrt und Schutzengel.

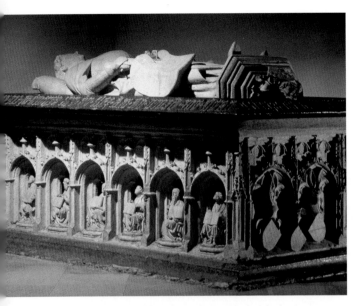

Das gotische Hochgrab des „graf ulreich der jung von schownberg", Ende 13. Jahrhundert.

konnte auch er dem wilden Treiben nicht Herr werden. Mit Müh und Not manchem Mordanschlag entkommen, resignierte er 1599 und übernahm das Kloster Garsten, bevor er 1600 nach Kremsmünster kam und dort 13 Jahre als einer der tüchtigsten Äbte der Geschichte lebte. Seine italienische Mentalität (er stammte aus Lugano) dürfte sich mit jener der Bauern rund um Wilhering nicht vertragen haben. Erst seinen Nachfolgern gelang es, die Klosterdisziplin wieder herzustellen und mit dem Neuaufbau zu beginnen. Unter den beiden Äbten Georg Grüll (1614–1638) und Kaspar Orlacher (1638–1669) setzte eine rege Bautätigkeit ein, die allerdings zu hoffnungslos leeren Kassen führte. Die Finanzierung der Türkenkriege zog hohe Abgaben nach sich und diese führten das Kloster schließlich an den Rand des wirtschaftlichen Ruins. Ein Großbrand verschlang 1733 fast sämtliche Gebäude. Die prekäre Wirtschaftslage machte einen vollständigen Neubau unmöglich. Unter Einbeziehung der alten Mauern wurde zunächst notdürftig saniert.

Bald war ein Neubau nicht mehr vermeidbar und bedeutende Baumeister wie Josef Mung-genast bewarben sich um die Bauleitung. Der Konvent entschied sich dann aber doch für Johann Haslinger, einen regionalen Baumeister, eine Entscheidung, für die gewiss auch finanzielle Argumente ausschlaggebend waren. 1734 wurde mit dem Bau des Gotteshauses begonnen, das heute eine der prächtigsten Rokokokirchen im ganzen Land ist. Am heutigen Klosterbau lassen sich mehrere Etappen ablesen, die eine Bauzeit von mehreren Jahrzehnten in Anspruch nahmen.

Nach der Machtergreifung der Nazionalsozialisten wurde das Kloster enteignet, die Gebäude zweckentfremdet; ein neuer Aufschwung begann erst nach dem Ende des Zweiten Weltkrieges.

In der Stiftskirche entfaltet sich eine wahre Symphonie der Fantasie. Florale Elemente vereinen sich mit bildlichen Darstellungen aus Kunst und Mythologie und schwingen sich zu einem harmonischen Gesamtkunstwerk empor. In diesen Reigen der Formen fügen sich auch die bemerkenswerten Altarbilder Martino Altomontes, die er in hohem Alter schuf. Was die Stiftskirche von Wilhering an architektonischen Kapriolen vermissen lässt, das macht die Qualität der Ausstattung wett. Nicht minder meisterlich als die Altarblätter seines Vaters ist die Freskierung Bartholomäo Altomontes, die er zwischen 1739 und 1741 ausführte. Durch die Scheinarchitekturen Francesco Messentas gewinnt das Werk Plastizität und eine schier phänomenale Raumstruktur. Nach 1741 erreichte das Raumgefühl durch die Stuckaturen von Johann Michael Feichtmayr und Johann Georg Ueblherr einen fulminanten Höhepunkt. Der Gedanke, himmlischen Raum irdisch zu interpretieren, ging auf – ein prachtvoller Theatersaal himmlischer Liturgie war geschaffen.

Über 800 Engelsköpfe vermitteln das Gefühl der Lebensfreude dieser Zeit.

Wie viele Zisterzienserstifte besitzt auch Wilhering einen schönen mittelalterlichen Kreuzgang, der allerdings nicht öffentlich zugänglich ist.

Uhr über dem Orgelprospekt der Stiftskirche von einem unbekannten Meister, 1741.

WILTEN

Das Kind des Riesen Haymon

Längst hat die Stadt Innsbruck den Vorort Wilten eingeholt und das einstige Landkloster zum Stadtkloster gemacht. Einer alten Sage zufolge soll der Riese Haymon um das Jahr 878 das Stift gegründet haben. Ein Drache, so erzählt die Sage weiter, habe das Kloster immer wieder zerstört, bis der Riese den Drachen tötete und dem Ungeheuer die Zunge herausschnitt. Heute noch erinnert eine riesige Statue in der Vorhalle an Haymon und dessen außergewöhnliche Erscheinung.

Im Laufe der Zeit wurde die Chorherrenniederlassung sehr wohlhabend und es gelang, den Besitz erheblich zu erweitern. Im Mittelalter blühte das Leben in Wilten und neben einer großen Bibliothek gab es ein eigenes Skriptorium, dessen Erzeugnisse Berühmtheit erlangten. Im 16. Jahrhundert erlebte das Stift eine Krise, die allerdings weniger auf die Reformation als auf schlechte Wirtschaftsführung und Naturkatastrophen zurückzuführen war. Wie viele andere Klöster, so erlebte auch das Chorherrenstift Wilten in der Barockzeit sein „Goldenes Zeitalter". Die Überschwänglichkeit und das Hochgefühl der Epoche hinterließen an den Stiftsgebäuden unverkennbare Spuren. Umsichtige Äbte lenkten die Geschicke des Hauses und so ist es kaum verwunderlich, dass die großartigen Baufortschritte Hand in Hand mit einer geistig-geistlichen Blütezeit gingen. Durch die prachtvolle Tornische, die sich über die gesamte Höhe der Hauptfassade zieht, betritt man das Innere der mächtigen Stiftskirche. Der Eindruck überwältigt. Zunächst staunt man über das grandiose Vorhallengitter mit dem Wappen des Abtes Gregor Stremer, das 1707 vollendet war. Neben dem berühmten Rosengitter in der Stiftskirche zu Stams ist dieses die bedeutendste Schmiedearbeit der Barockzeit in Tirol. Die mächtigen Gewölbe erhalten durch die Stuckverzierungen eine beeindruckende Plastizität. Der oberitalienische Meister Bernardo Pasquale gilt als Schöpfer dieser äußerst fantasievollen Arbeiten (1702–1707). Die Kirche selbst ist um ca. 40 Jahre älter als ihre Ausgestaltung. Die Fresken stammen vom Innsbrucker Maler Kaspar Waldmann. Das Hauptfresko im Presbyterium widmet sich dem Patronat der Kirche: der Himmelfahrt Mariens. Durch

Die Stiftskirche heiliger Laurentius, 1651/65 erbaut.

Linke Seite: Ein überwältigender Eindruck: das Innere der mächtigen Stiftskirche Wilten.

die dunkle Einrichtung wirkt der Innenraum etwas streng, erhält aber durch die Belichtung über die Seitenkapellen eine heitere Note. Raumfüllend steht der markante Hochaltar im Chor. Nach Plänen der Gebrüder Schor wurde er vom Innsbrucker Hoftischler Paul Huber 1662/65 gefertigt.

Einer der schönsten Räume innerhalb des Stiftes Wilten ist die große Bibliothek. Zweifelsohne ist hier einer der schönsten Lesesäle des Barock. Der lang gezogene Raum wird von einem fünfjochigen Tonnengewölbe mit Stichkappen überspannt. Dabei kontrastieren das Weiß und die bläuliche Marmorierung der Regale vorzüglich mit dem Gelb der Wände und des Gewölbes – geradezu vornehm wirkt diese Raumkomposition, die durch eine umlaufende Galerie mit schlanken Balustern aufgewertet wird. Insgesamt befinden sich in den polychrom marmorierten Regalen zehntausend Bände.

Die Klostergebäude umschließen einen reizvollen Innenhof, der Kreuzgangcharakter besitzt. Im Stift selber ist vor allem der

Einer der schönsten Lesesäle des Barock mit umlaufender Galerie und polychrom marmorierten Regalen: Die große Bibliothek von Stift Wilten lässt das Herz eines jeden Bücherfreundes höher schlagen!

Bereich der Abtei sehenswert. Die Eingangshalle ist noch ein Rest des gotischen Klosters, während sich im ersten Stock ein sehr geräumiges Vestibül öffnet, das mit Stuckaturen Bernardo Pasquales geschmückt ist. Der Innsbrucker Barockmaler Ägid Schor schuf das monumentale Deckenfresko, das die Vision des hl. Bernhard darstellt. Fünf große Ölbilder sind Werke Balthasar Renns (1685–1735) und sind den Viten großer Märtyrer gewidmet. Auf der linken Stiegenseite gelangt man in die so genannte Prälatur, in der sich früher die Wohnung des Abtes befand. Das Vorzimmer, der „Altmuttersaal", ist mit einer reichen Intarsiendecke aus dem 17. Jahrhundert geschmückt und wurde am Beginn des 19. Jahrhunderts von Jakob Plazidus Altmutter und dessen Vater Franz mit verspielten Tier- und Naturszenen dekoriert. Auf halber Höhe des Vestibüls gelangt man in den südlichen Abteitrakt mit den Schauräumen und dem kleinen Stiftsmuseum, das eine sehenswerte Sammlung gotischer Tafelbilder besitzt.

Der Gartensaal zeigt Ausblicke in gemalte Parklandschaften. Der Betrachter fühlt sich auf einem Balkon und blickt in weite Landschaften, die durch ihren Kulissencharakter Räumlichkeit schaffen. Die Malereien auf Leinwand sind Werke von Kaspar Waldmann um 1712. Ebenfalls von Kaspar Waldmann wurde das so genannte „Verklärungszimmer" ausgestattet, das die Verklärung Christi auf dem Berg Tabor zeigt. Zu den schönsten Räumen des Stiftes zählen das Jagdzimmer und der Prunksaal des Klosters, der Norbertisaal mit Fresken Kaspar Waldmanns (1710), die einzelne Lebensstationen des heiligen Norbert schildern.

Zisterzienserstift

ZWETTL

Der Kuenringer Eichenbaum

Das Waldviertel ist eine der spannendsten Kulturlandschaften Österreichs. Prächtige Stifte, beeindruckende Schlösser und Burgen und eine reizvolle Landschaft geben dieser Gegend Österreichs ihre mythische Ausstrahlung.

Die Gründungslegende von Zwettl beginnt mit einem Traum des Stifters Hadmar I. aus dem Geschlecht der Kuenringer, dem von Maria im Traum geboten wurde, an der Stelle, wo er mitten im Winter eine grünende Eiche finden würde, ein Kloster zu errichten. In der Neujahrsnacht des Jahres 1138 fand er diese grünende Eiche und gründete an diesem Ort das Zisterzienserstift Zwettl. Der Stiftungsbesitz des Klosters war so bedeutend, dass die Abtei einen schnellen Aufschwung nahm. Bildung und Wissenschaft blühten und eine eigene Schreibstube brachte bedeutende Werke der Buchkunst hervor. Am Beginn des 15. Jahrhunderts setzten die Hussitenkriege dem Kloster sehr zu, besonders 1427 wurde es beträchtlich in Mitleidenschaft gezogen. Dann fielen die Ungarn ein und verhinderten, dass sich Stift Zwettl in dieser Zeit erholen konnte. Nach dem Ende des Dreißigjährigen Krieges und dem Sieg der kaiserlichen Truppen vor Wien 1683 gegen die Türken verzeichnete man in Österreich eine allgemeine Zeit des Aufschwunges. Weitsichtige Äbte führten viele Klöster zu nie da gewesener Blüte – so kam es auch in Zwettl: Abt Kaspar Bernhard (1672–1695) ließ die neue Prälatur erbauen, die mehrere Flügel einnahm. Als humanistisch geprägter Geist verschrieb sich besonders Abt Melchior Zaunagg (1706–1747) den Künsten und der Wissenschaft. Namhafte Künstler wurden von ihm nach Zwettl gerufen und entfalteten hier ihre Begabung.

Der Besucher des Stiftes ist beeindruckt von der Weitläufigkeit des Stiftes und der Großzügigkeit der Anlage. Kaum jemand hätte in diesem Winkel des Waldviertels ein derart großartiges Kleinod österreichischer Klosterarchitektur vermutet. Allein der Kreuzgang ist wahrhaft meisterlich. Zwischen 1182 und 1240 entstand dieser neben Lilienfeld und Heiligenkreuz dritte bedeutende zisterziensische Säulengang. Das zauberhafte Brunnen-

Barocke „Einturmfassade": der 90 Meter hohe Turm der Stiftskirche, 1722/27 von Matthias Steinl errichtet.

Linke Seite: Das gotische Brunnenhaus im Kreuzgang.

Das Necessarium: Die uralte Latrine des Klosters mit „Wasserspülung" durch den Großen Kamp.

haus erhebt sich über einem sechseckigen Grundriss und beeindruckt durch seine fantastische Architektur. Älter als der Kreuzgang selbst ist der Kapitelsaal, in dem früher alle wichtigen Entscheidungen des Klosters im so genannten Kapitel getroffen wurden.

Der zwischen 1145 und 1150 entstandene Saal ist der älteste Kapitelsaal aller Zisterzienserklöster überhaupt. Aus einem zentralen Pfeiler wächst das wuchtige Gewölbe, das den Raum überspannt. Ähnlich präsentiert sich das Dormitorium, der ehemalige Schlafsaal der Mönche, der ebenfalls einen zentralen Pfeiler aufweist. Ein wichtiger Raum der zisterziensischen Kreuzgangsarchitektur war das *Necessarium,* der Abortbereich des Klosters, der über fließendem Wasser gebaut war und so für eine entsprechende Entsorgung der Fäkalien sorgte. Das Besondere ist, dass dieses Zwettler Necessarium das einzige erhaltene ist.

In der Barockzeit entschloss man sich zum Abriss der alten romanischen Fassade der Stiftskirche und wollte sie dem Zeitgeschmack anpassen. In Abkehr vom zisterziensischen Ideal verzichtete man auf den kleinen Dachreiter und baute einen monumentalen Turm mit einer Höhe von 90 Metern. Über dem Mittelportal der Kirche sind die beiden

Bücherschätze in stilvoll komponiertem Ambiente: die von Josef Munggenast geschaffene Bibliothek.

Mittelalterliche Strenge: gotische Säule im Kapitelsaal des Stifts, erbaut im 12. Jahrhundert.

Der Hochaltar der Stiftskirche Mariä Himmelfahrt mit den vielfältigen Figuren von Josef Matthias Götz.

Stifterfiguren Hadmar I. und Heinrich IV. aus dem Geschlecht der Kuenringer zu sehen, zentral der zweite Gründer des Zisterzienserordens, Bernhard von Clairvaux. Als Schöpfer dieser großartigen barocken Schöpfung gilt Matthias Steinl, während Joseph Munggenast schließlich das Entworfene zu Stein werden ließ. Der gotische Hallenumgangschor der Kirche und der Kapellenkranz wurden 1348 begonnen und in der 2. Hälfte des 14. Jahrhunderts vollendet. Der heutige Hochaltar entstand zwischen 1731 und 1733. Die Figuren sind eine Schöpfung von Josef Matthias Götz und stellen thematisch die Verbindung der Gründungslegende mit der Himmelfahrt Mariens dar. Joseph Munggenast schuf die barocken Seitenaltäre in den Kapellen. Von der Wende der Gotik zur Renaissance stammt der Flügelaltar Jörg Breus des Älteren, der um 1500 vollendet war. Auf acht Tafeln wird das Leben des hl. Bernhard in leuchtenden Farben dargestellt. Die Blätter der Altäre sind Arbeiten von Martino Altomonte, Paul Troger und Martin Johann Schmidt, genannt der Kremser Schmidt. Aus der Gotik stammen 22 Fenster am Orgelchor, die erst 1965 aus einer Stiftspfarre geholt und hier eingesetzt wurden.

Einer der zentralen Räume des Klosters und eng mit der Geschichte verwoben ist die bedeutende, von Josef Munggenast geschaffene Klosterbibliothek, in der sich an die 70.000 Bücher befinden. Das Stift besitzt weiters etwa 420 Handschriften und 177 Frühdrucke; zu den bedeutendsten Werken zählen das *Graduale Cisterciense* (1280) und das berühmte *Buch der Stifter* (1. Hälfte 14. Jh.). Über stilvollen Holzregalen öffnet sich eine Galerie, die den Raum umschließt, darüber spannt sich eine Decke, die reich mit Stuckaturen und Fresken von Paul Troger geschmückt ist. Nicht ein großes Fresko steht dabei zentral im Mittelpunkt, sondern der Raum wird in Abschnitte gegliedert, die thematisch nacheinander zu lesen sind. In den Stiftssammlungen befinden sich einige bemerkenswerte Kostbarkeiten, unter ihnen das Zwettler Kreuz, ein romanisches Reliquienkreuz, das zwischen 1170 und 1180 entstand, ein mittelalterlicher Abtstab mit Krümme aus Elfenbein (um 1240) und eine gotische Elfenbeinmadonna (um 1258). Eine nicht unbedeutende Gemäldesammlung rundet diese sehenswerten Schätze ab; Glanzstück dabei ist eine Mariendarstellung von Lucas Cranach (1520).

Öffnungszeiten und Webadressen

BENEDIKTINERSTIFT ADMONT
8911 Admont 1
Tel.: +43(0)3613-2312-601
Fax: +43(0)3613-2312-610
kultur@stiftadmont.at
http://www.stiftadmont.at/
Öffnungszeiten Bibliothek & Museum, Klosterladen:
2. April–6. November 2005: täglich 10–17 Uhr
1. April–5. November 2006: täglich 10–17 Uhr
außerhalb der Saison auf Anfrage

BENEDIKTINERSTIFT ALTENBURG
Abt-Placidus-Much-Straße 1, 3591 Altenburg
Tel.: +43 2982 3451
Fax: +43 2982 3451 13
info@stift-altenburg.at
http://www.stift-altenburg.at/
Öffnungszeiten:
Palmsonntag (20. März)–Allerheiligen (1. Nov.) 2005
täglich von 10.00–17.00 (letzter Einlass 16.00)
von 12. Juni bis 4. September 10.00–18.00
(letzter Einlass 17.00)

PRÄMONSTRATENSER-CHORHERRENSTIFT GERAS
Hauptstraße 1, 2093 Geras
Tel: +43(02912)345-0
Fax: +43(2912)345-299
info@stiftgeras.at
http://www.stiftgeras.at/
Öffnungszeiten Ausstellung und Klosterladen:
Ostern bis 19. Juni 2005: Freitag, Samstag,
Sonn- und Feiertag 10–12 Uhr und 14–17 Uhr
19. Juni bis Allerheiligen:
täglich außer Montag 10–12 Uhr und 14–17 Uhr

BENEDIKTINERSTIFT GÖTTWEIG
3511 Furth bei Göttweig
Tel. +43/2732/85581-231
Fax +43/2732/85581-244
tourismus@stiftgoettweig.at
http://www.stiftgoettweig.or.at/
Öffnungszeiten:
21. März bis 15. November 2005
täglich von 10–18 Uhr (Juni bis September 9–18 Uhr)

ZISTERZIENSERSTIFT HEILIGENKREUZ
2532 Heiligenkreuz 1
Telefon: +43 2258 / 8703
Telefax: +43 2258 / 8703-114
information@stift-heiligenkreuz.at
http://www.stift-heiligenkreuz.at/
Täglich angebotene Führungen:
Montag–Samstag: 10, 11, 14, 15, 16 Uhr
Sonn- und Feiertage um 11, 14, 15 und 16 Uhr.
Öffnungszeiten für Gruppen mit geprüftem Führer:
9.00 –11.30 und 13.45–17.00 Uhr (im Winter bis 16.00)

AUGUSTINER-CHORHERRENSTIFT HERZOGENBURG
3130 Herzogenburg
Tel./Fax.: 02782/83113
E-Mail: stift-fuehrungen@herzogenburg.at
http://www.herzogenburg.at/stift/
Führungen:
Von April bis Oktober täglich zu jeder vollen Stunde
von 9.00 bis 11.00 Uhr und von 13.00 bis 17.00 Uhr.

AUGUSTINER-CHORHERRENSTIFT KLOSTERNEUBURG
Stiftsplatz 1, 3400 Klosterneuburg
Tel. +43 2243 411-0
info@stift-klosterneuburg.at
http://www.stift-klosterneuburg.at/
Öffnungszeiten:
ganzjährig täglich 9–18 Uhr
Sa, So und Feiertag 10–17 Uhr
Geschlossen: 24.12. ab 12 Uhr, 25.12. und 26.12.
ganztägig, 31.12. ab 12 Uhr, 1.1. bis 13 Uhr
Stiftsführungen: ganzjährig täglich 10–17 Uhr und
gegen Voranmeldung
Stiftsmuseum: 29.4. bis 15.11. Dienstag bis Sonntag
10–17 Uhr

BENEDIKTINERSTIFT KREMSMÜNSTER
4550 Kremsmünster
Tel. 07583/5275-0
Fax: 07583/5275-129
stift@kremsmuenster.at
http://www.stift-kremsmuenster.at/
Führungszeiten Kunstsammlungen:
1.1.–30.4. 11:00, 14:00, 15:30
1.5. – Ferienbeginn (ca.5.7.): Wochentage 10:00, 11:00,
14:00, 15:30, Wochenende & Feiertage 10:00, 11:30,
13::00, 14:00, 15:00, 16:00
Ferienbeginn (ca.5.7.)–31.10.: Wochentage 10:00, 11:00,
14:00, 15:00, 16:00, Wochenende & Feiertage 10:00,
11:30, 13:00, 14:00, 15:00, 16:00
1.11.–31.12.: 11:00, 14:00, 15:30

BENEDIKTINERSTIFT LAMBACH
Klosterplatz 1, 4650 Lambach
Telephon: +43 7245 21710 334
Fax: +43 7245 21710 302
pforte@stift-lambach.at
http://www.stift-lambach.at/
Öffnungszeiten:
Montag bis Freitag: 09:00 Uhr–12.00 Uhr und
13:00 Uhr bis 16:00 Uhr
Samstag, Sonn- und Feiertag versehen gelegentlich
ehrenamtliche Helfer den Pfortendienst.

ZISTERZIENSERSTIFT LILIENFELD
Klosterrotte 1, 3180 Lilienfeld
Tel. 02762/52420
http://www.stift-lilienfeld.at/
Führungen:
Sonn- und Feiertage nur gegen vorherige Vereinbarung,
Wochentage 10.00 Uhr und 14.00 Uhr sowie nach
Vereinbarung. In den Wintermonaten bitte ebenfalls
anmelden!

BENEDIKTINERSTIFT MELK
Abt-Berthold-Dietmayr-Straße 1, 3390 Melk
Tel: +43-(0)2752-555-232
Fax: +43-(0)2752-555-249
tours@stiftmelk.at
http://www.stiftmelk.at/
Öffnungszeiten:
Mai bis September: 9–18 Uhr (Einlass bis 17 Uhr),
Oktober bis 6. November 2005: 9–17 Uhr (Einlass
bis 16 Uhr), 7. November 2005 bis 1. April 2006 sowie
6. November 2006 bis 30. März 2007: Besichtigung
nur im Rahmen einer Führung möglich (nach Voranmeldung)

BENEDIKTINERSTIFT MILLSTATT
9872 Millstatt
Tel: 04766/2022-35
Öffnungszeiten Stiftsmuseum:
1. Mai bis 15. Oktober täglich von 9–12 Uhr und
von 14–18 Uhr. 16. Oktober bis 30. April nach
Voranmeldung (Tel. +43 676 4606413).

BENEDIKTINERINNENSTIFT NONNBERG
Nonnberggasse 2
A-5020 Salzburg
Tel.: + 43 (0662) 841607
Fax: +43 (0662) 849800
http://www.benediktinerinnen.de/nonnberg.html

BENEDIKTINERSTIFT OSSIACH
9570 Ossiach 1
Tel. +43(0)4243-2280 (Stiftspfarre)
http://members.aon.at/pfarre-ossiach/

AUGUSTINER-CHORHERRENSTIFT
REICHERSBERG
4981 Reichersberg am Inn
Tel. +43 / (0) 7758 / 2313-0
Fax +43 / (0) 7758 / 2313-32
verwaltung@stift-reichersberg.at
http://www.stift-reichersberg.at/
Öffnungszeiten Klosterladen:
Montag bis Samstag: 10 bis 12 Uhr und 13 bis 18 Uhr
Sonn- und Feiertage: 13 bis 17 Uhr

ZISTERZIENSERSTIFT REIN
8103 Rein
Tel.: +43-3124 51621
Fax +43-3124 51621-34
info@stift-rein.at
http://www.stift-rein.at/
Führungen: täglich um 10:30 Uhr
Für Gruppen gegen Voranmeldung:
täglich zwischen 8 und 17 Uhr
Öffnungszeiten Klosterladen:
täglich von 8–12:30 und 13:30–17 Uhr

AUGUSTINER-CHORHERRENSTIFT ST. FLORIAN
Stiftsstraße 1, 4490 St. Florian
Tel.: +43 7224 8902-0
Fax: +43 7224 8902-23
info@stift-st-florian.at
http://www.stift-st-florian.at/
Stiftsführungen: Ostern bis Allerheiligen 10, 11, 14, 15,
16 Uhr (ab 10 Personen)

BENEDIKTINERSTIFT ST. PAUL IM LAVANTTAL
Hauptstraße 1, 9470 St. Paul im Lavanttal
Tel. +43 4357 / 20 19 - 22
Fax +43 4357 / 20 19 - 23
schatzhaus@stift-stpaul.at
http://www.stift-stpaul.at/
Öffnungszeiten des Museums:
1. Mai bis 29. Oktober 2005 von 9.00 bis 17.00 Uhr

ERZABTEI ST. PETER IN SALZBURG
Postfach 113, 5010 Salzburg
Telefon: +43 -662- 844576
Fax: +43-662-844576-80
http://www.stift-stpeter.at/
Öffnungszeiten Klosterladen:
Montag bis Freitag 12.30 bis 16.30,
Samstag 13.15 bis 16.30

PRÄMONSTRATENSER-CHORHERRENSTIFT
SCHLÄGL
4160 Aigen im Mühlkreis
Telefon: +43 (0) 72 81/88 01-0
Fax: 0 72 81/88 01-277
http://www.stift-schlaegl.at/
Öffnungszeiten Stiftsausstellung:
1. Mai bis 26. Oktober 2005 dienstags bis
sonntags 10–12, 13–17 Uhr

BENEDIKTINERABTEI SECKAU
8732 Seckau
Telefon: +43 (0)3514/5234-101
verwaltung@abtei-seckau.at
http://www.abtei-seckau.at/
Öffnungszeiten der Ausstellung:
1. Mai bis 26. Oktober 2005 täglich von 10–17 Uhr

AUGUSTINER-CHORHERRENSTIFT VORAU
8250 Vorau
Telefon: 03337/2351
Telefax: 03337/2351-29
office@stift-vorau.at
http://www.stift-vorau.at/
Führungszeiten: 1. April bis 31. Oktober 2005
Montag bis Freitag: um 10.00, 11.00, 14.00,
15.00 und 16.00 Uhr
Samstag um 10.00, 11.00 Uhr
Sonn- und Feiertags um 11.00, 14.00,
15.00 und 16.00 Uhr
oder nach vorheriger Vereinbarung

BENEDIKTINERABTEI
UNSERER LIEBEN FRAU ZU DEN SCHOTTEN
SCHOTTENSTIFT WIEN
Freyung 6, 1010 Wien
Telefon: +43 (1) 534 98
Telefax: +43 (1) 534 98 - 105
schotten@schottenstift.at
http://www.schottenstift.at/
Öffnungszeiten Klosterladen:
Montag bis Freitag 10.00 bis 18.00 Uhr,
Samstag 10.00 bis 17.00 Uhr,
Sonntag 10.30 bis 13.00 Uhr.
An Feiertagen geschlossen.

ZISTERZIENSERSTIFT WILHERING
Linzer Straße 4, 4073 Wilhering
Tel. +43 (0)7226 2311-0
Fax +43 (0)7226 2311-11
http://www.stiftwilhering.at

PRÄMONSTRATENSERSTIFT WILTEN
Klostergasse 7, 6020 Innsbruck
Tel. +43 / (0)512 / 58 30 48
Fax +43 / (0)512 / 58 30 48 - 22
info@stift-wilten.at
http://www.stift-wilten.at/
Öffnungszeiten:
Montag–Freitag 08:00–12:00 und 14:00–18:00 Uhr
Samstag 08:00–12:00 Uhr, Sonn- und Feiertag
geschlossen

ZISTERZIENSERSTIFT ZWETTL
3910 Zwettl
Infohotline 0800 24 24 80 (innerhalb Österreichs)
Telefon 0 (043) 2822/550
Fax 0 (043) 2822/550 50
info@stift-zwettl.at
http://www.stift-zwettl.at/
Öffnungszeiten::
30. April bis 1. November 2005
Mo-Fr 08:30–17:00 Uhr
Sa, So und Feiertag: 9:00–17.00 Uhr

Bildnachweis

Anna Hoffmann: 20, 74, 75, 76 (unten), 92/93, 104, 105
Robert Bouchal: 13 unten (Stift Altenburg)
Benediktinerkloster St. Paul im Lavanttal: 19, 61, 67
Augustiner-Chorherrenstift Klosterneuburg: 32 (oben)
Harald Schmid, Lilienfeld: 44/45
Reinhard Weidl, Berchtesgaden: 59, 60
Augustiner-Chorherrenstift Reichersberg: 65 (links)
Robert Jäger/APA/CONTRAST

Alle anderen Fotos sind Originalaufnahmen von Gerhard Trumler/IMAGNO/Austrian Archives

Seite 2: Stift Geras.
Seite 4: Chorumgang der Stiftskirche Zwettl.

ISBN 3-222-13170-8
© 2005 by Verlag Styria in der
Styria Pichler Verlag GmbH & Co KG, Wien
Alle Rechte vorbehalten
www.styriapichler.at

Umschlaggestaltung: Bruno Wegscheider
Produktion und Gestaltung: Alfred Hoffmann
Reproduktion: Pixelstorm, Wien
Druck und Bindung: Dimograf